中国统计制度变迁与创新研究

李国荣　著

中国财政经济出版社

图书在版编目（CIP）数据

中国统计制度变迁与创新研究/李国荣著．—北京：中国财政经济出版社，2013.8

ISBN 978－7－5095－4617－8

Ⅰ．①中…　Ⅱ．①李…　Ⅲ．①统计报表制度－研究－中国　Ⅳ．①C829.22

中国版本图书馆 CIP 数据核字（2013）第 144893 号

责任编辑：周桂元　　责任校对：王　英
封面设计：朱　江　　版式设计：董生平

中国财政经济出版社 出版

URL：http：//www.cfeph.cn

E－mail：cfeph@cfeph.cn

社址：北京市海淀区阜成路甲 28 号　邮政编码：100142

营销中心电话：88190406　北京财经书店电话：64033436　84041336

北京财经印刷厂印刷　各地新华书店经销

787×1092 毫米　16 开　15 印张　178 000 字

2013 年 8 月第 1 版　2013 年 8 月北京第 1 次印刷

定价：30.00 元

ISBN 978－7－5095－4617－8/F·3744

（图书出现印装问题，本社负责调换）

质量投诉电话：88190744

反盗版举报热线：88190492　88190446

目　录

绪　论

统计是一门应用技术，它帮助人类从纷纭的事件中发现数量规律。一般来说，制度创新先于技术创新，因而统计作用的发挥取决于统计制度的发展变迁与创新；统计制度的发展变迁与创新对社会经济的发展及人类对自然规律的认识有着重要的影响。从理论上来讲，统计制度变迁与创新的研究，有助于发现统计制度与经济发展的相互关系状态，有助于研究统计制度的内生性及统计制度间的协调配置关系，更有助于统计技术的创新与发展，进而也会对社会经济发展产生导向作用。本书在理论研究和实证研究的基础上，采用案例分析、回归分析等实证分析方法和数量经济分析方法，根据中国社会经济发展状况，提出中国统计制度创新建议。本“绪论”对本书研究背景与研究价值、研究思路、研究方法、主要内容及结构安排和可能的创新与不足进行论述。在中国统计面临着诸多考验和机遇的背景下，对中国统计制度变迁与创新问题进行研究，将有助于丰富中国统计制度研究成果。

第一节 研究背景与研究价值

一、研究背景

中国正处于经济与政治体制转型期。随着社会经济的快速发展，国内外社会经济环境发生了巨大的变化，统计工作面临着变化了的新环境、新形势，中国政府统计面临巨大的考验和机遇，即深刻影响政府统计职能发挥、能力提高的统计制度保障体系的建立，因为统计制度体系及其实施效率直接影响政府统计数据的质量。为更好地发挥统计职能，提高政府统计能力，需要应对挑战，及时抓住机遇，积极创新统计制度。

（一）中国政府统计面临社会发展变化的考验

由于中国社会经济环境巨变，统计对象日益多元化、复杂化，统计工作任务加重，统计人才增长速度与数量均显不足，统计工作的开展受到人、财、物的多重制约；由于在市场经济环境下经济主体（如个人、企业）对利益最大化的追求，统计对象对完成公众统计义务不积极，致使统计工作成本不断增加，造成统计工作难以保质保量完成，统计工作完善面临更大的考验；由于基层统计力量相对更显薄弱，而统计工作任务加重、要求提高，使基层统计工作负担过重，难以从数据源头上有效控制统计数据质量；长期以来社会公众对政府统计数据的多方质疑，统计部门统计公信力下降，不利于统计工作的正常、有序开展。

（二）政府统计面临统计制度不完善的考验

中国正处于市场经济体制改革时期，与此相联系的统计制度体系中的统计管理体制、统计调查核算制度和统计法律制度均存在不完善之处，而且各项统计制度之间存在着一定的矛盾，如调查制度中抽样调查制度的实施受到统计管理体制的制约，使抽样调查制度体系难以健全，更难在统计调查中发挥其独特的优势；再如，统计法律制度中对国家统计机构的独立性、权威性规定不足，造成国家统计机构在行使统计行政权时无法律依据或依据不足，统计管理权受限，统计管理与咨询功能不能有效发挥。

（三）政府统计面临与国际统计接轨的考验

社会生产的国际化带来统计生产的国际化。按照国际统计机构的标准、方法、制度进行统计工作，提供统计信息，是各国政府统计的工作任务之一，也是推进各国在国际具有一定统计地位和统计话语权的前提，所以，中国统计制度的国际规范可比性是我们必须考虑的一个问题。

（四）政府统计的数量需求大量增加，质量要求大幅提高

社会公众对统计信息的需求增加，对政府统计的关注程度提升，如对物价统计、GDP 核算等的关注程度逐年提高；在各项科学管理决策中，对政府统计要求更多、更高，政府统计在政府管理中起的作用也越来越大；研究人员对政府统

计信息、方法、制度比较关注，统计信息为各方面的研究提供了有力的支持。

（五）政府统计受到各方的重视

新时期各级政府、研究团体、社会公众都对统计有了新的认识，认识到统计信息对各方发展的重要性。各级政府领导、研究团体和社会公众对统计需求增加，主要通过统计的信息职能和咨询职能的实现来满足。

当前中国政府统计面临的考验和机遇，对统计工作提出了新要求，更对统计制度创新提出了更高要求，在这一历史背景下，我们提出了对中国统计制度创新进行研究。

二、研究价值

统计制度是界定统计活动各相关主体的权益、约束统计活动各相关主体行为、降低不确定性带来的交易费用、保障统计活动各主体权益的一套行为规则和实施保障。既定的统计制度决定了统计技术结构，也决定了统计技术发展变迁的轨迹，可以说，统计制度从根本上决定了统计在社会经济中所发挥的作用，也决定着中国统计事业的生存与发展，统计所面临的困难与挑战表明当前统计制度创新势在必行。同时，也应认识到统计制度创新是一个无止境的过程，研究统计制度理论及其发展变迁的规律，建立符合社会经济发展需要的统计制度及其体系，始终是各国统计发展过程中一个重要研究课题，更是中国当前更应深入研究的。

统计制度发展变迁是历史的必然，因而在统计制度发展完善过程中，研究统计制度变迁的规律，提出统计制度创新的设想，将会丰富统计制度相关研究成果，有助于完善统计制度，加快统计制度改革变迁的进程。中国统计制度创新之路是曲折上升的，存在着许多矛盾和问题，但根本趋势是发展的。在社会各界专家、学者和统计工作者们坚持不懈的理论与实践研究下，中国统计制度得到了持续创新与发展，在当前所处的历史时期，中国社会经济等各方面均快速发展，尤其是经济发展更为突出，此时，统计制度创新研究更具有特别重要的现实意义。

改革开放后，中国社会经济水平不断提高，各项事业繁荣发展，统计工作也取得了很大成就。然而，当前统计数据问题引发社会广泛关注，统计事业面临着更多的机遇和挑战，机遇主要表现在：第一，由于社会分工更加细化，社会产品品种更加多样化，统计的微观需求数量快速增长、需求范围迅速扩展；第二，由于政府决策的科学性、系统性、客观性等要求，统计的宏观需求数量增长、客观要求提高。其挑战主要表现在：第一，统计技术的发展还不能满足社会需求；第二，现有统计人才的数量不能支撑统计工作的全面展开。迎接挑战的最根本要求是创新统计制度，因为统计制度创新是统计技术创新、统计人才质量提升的根本保障。

从中国统计制度的主要方面来看，统计管理体制、统计调查与核算制度、统计法律制度都存在着一系列问题，需要从根本上解决各项统计制度自身问题，更重要的是解决各项制度整体一致性的问题，实现统计制度自身合理、各项统计制度之间内在统一、协调。

改革开放以来，统计工作成果显著，然而近年来，统计数据受到了广泛质疑，其主要原因在于中国统计制度自身存在问题。当前，中国统计制度供给不足和供给过度同时存在，因此研究如何设计符合中国国情的统计制度体系，将有助于改善政府统计状况，有助于推动中国政府统计向国际先进水平靠近，使政府统计工作能够满足社会经济管理、社会公众及国际比较等方面的需要，更好地实现其社会经济职能。

作者希望通过本书的研究成果为中国统计制度的创新提供有益参考，为中国统计事业的发展作出一点贡献。

第二节 研究思路与研究方法

一、研究思路

本书在统计制度理论分析的基础上，结合统计工作实践分析，将制度分析理论与社会实践有机结合，得出基本分析结论，提出相关的合理化建议。首先，通过对制度的一般定义与一般功能及变迁过程与方式进行简要分析，利用演绎分析方法对统计制度的界定、统计制度的功能及统计制度变迁的影响因素等方面进行了理论分析，奠定了统计制度创新的理论基础；其次，分析制度变迁的一般规律，发现中国统计制度历史变迁的特点、统计制度的现实状况及存在的问题，总结发达国家统计制度体系的成功经验及对中国统计制度创新的启示；最后，结合中国国情提出中国统计制度创新建议。具体研究思路可见图 0－1。

二、研究方法

本书对统计制度研究过程中，主要运用了规范分析方法、实证分析方法、博弈论分析方法、计量经济分析方法、

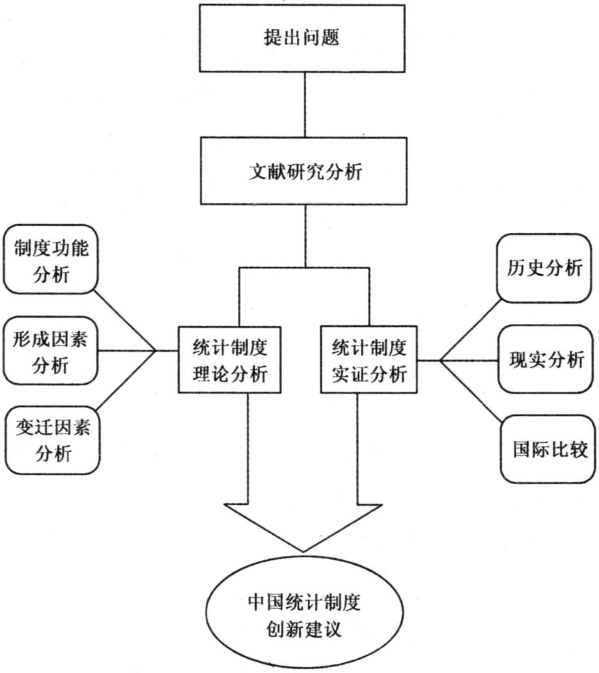

图 0-1　研究思路

历史分析方法、个人主义方法与集体主义方法。对统计制度分析时，将理论分析与实证分析相结合、定性分析与定量分析相结合、现实分析与历史分析相结合，在理论与实践研究的基础上提出统计制度创新设想。

（一）实证分析方法

在对相关文献进行阅读整理的基础上，进行理论分析。在理论分析基础上，收集了相关国家、地方统计年鉴，实际统计数据资料和网络实际统计数据资料，利用专业统计分析软件对数据进行了处理，实证研究统计制度变迁与经济增长的关系、统计制度变迁之间的关系，得出具体结论，使本书论点可靠，论据翔实，论证充分。

（二）博弈论分析方法

运用博弈论方法对统计活动进行双方博弈分析。在预期利益驱使下，统计行为的发生、统计制度的实施，都存在着利益双方博弈或多方博弈，各方力量的强弱决定了博弈结果。

（三）计量经济分析方法

定量分析是本书采用的主要分析方法之一，本书在研究各种关系时，使用了回归分析、相关分析、平稳性分析和协整分析等计量经济分析方法。计量经济分析方法和计量经济模型的应用，为理论分析结论提供定量支持，是对定性分析结论的必要补充和完善。

（四）历史分析方法

本书研究坚持马克思历史唯物史观。物质存在决定社会意识，社会意识反作用于物质存在。社会生产力发展、社会经济的发展，对统计制度的产生与变迁产生影响，同时，统计制度的产生与变迁对经济发展产生影响，因此，可以运用统计制度变迁的历史规律来为现代统计制度创新提供史料支持。

（五）个人主义方法与集体主义方法结合

研究过程中将个体现象与集体特征结合起来，从统计活动参与者的个体统计行为与利益规范研究出发，研究统计活动参与者的集体行为与利益的规范。从集体利益出发分析统计制度产生的原因与变迁的规律。

（六）归纳法与演绎法结合

从多个统计案例、统计制度安排等分析归纳统计工作及统计制度存在的主要问题，从一般性的制度界定、制度功能等分析演绎统计制度的内涵与功能。

（七）比较分析方法

为了客观、全面地认识统计制度变迁与创新规律，本书运用比较分析方法，对统计制度产生与发展过程中的社会、经济、政治等条件的变化进行纵向比较分析，发现统计制度变迁的历史规律性；对不同国家制度环境、统计制度安排做出横向比较分析，启发统计制度创新思路。

第三节 主要内容与结构安排

本书内容分为七个部分，建立了以理论为基础、分类进行历史分析与现实分析的研究结构（分析框架与流程可见图0－2）：

绪论部分主要对本书的研究背景、研究的理论与现实意义、研究思路与研究方法、主要内容与结构安排、可能创新与不足之处进行了阐述，是对本书内容的一个总体概括。

第一章对统计制度研究文献进行了综述及评析，主要运用归纳分析方法，对统计调查制度、统计核算制度、统计管理体制、统计法律制度相关研究文献进行了概述，并对相关研究状况做出了简要的评析，为中国统计制度创新提供文献

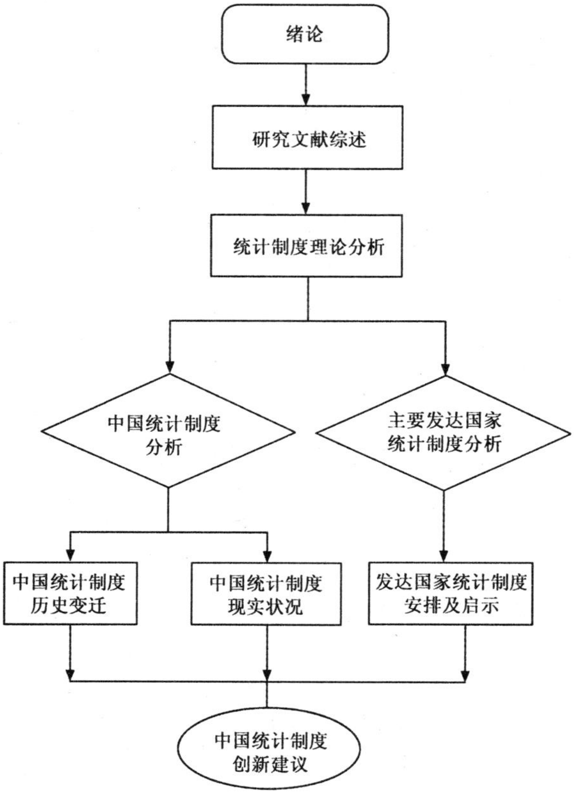

图0-2 基本框架

支持。

第二章对统计制度的内涵进行了分析，界定了统计制度的概念，分析了统计制度的主要功能，论证了统计制度的产生基础和统计制度变迁的影响因素，并对统计制度的成本与收益关系进行了理论分析，为提出中国统计制度创新建议提供了理论依据。

第三章在对制度变迁一般理论进行分析的基础上，对中国统计制度变迁的历程进行分析，主要对统计制度变迁与经济增长的关系、各项统计制度变迁之间的关系、统计制度变迁与其他法律制度之间的关系等方面进行开拓性研究，为中国统计制度创新研究提供了史料支持。

第四章对中国统计制度现实状况、当前存在的问题及其主要原因进行了分析，同时分析了现行中国统计制度的运行效率，为中国统计制度创新提供现实参考。

第五章对美国、英国和德国等发达国家现行政府统计制度安排进行综合比较分析，从中得到启示，为提出中国统计制度创新建议提供国际统计制度发展实践依据。

第六章根据制度创新的一般规律，在结合统计制度创新的历史规律与现实条件及国外经验的基础上，提出统计管理体制创新、统计调查核算制度创新和统计法律制度创新及建立统计协调机制的建议。

第四节　可能创新与不足之处

一、可能创新

（一）重新界定了统计制度的概念，总结提炼了统计制度的一般内涵

本书认为，统计制度是指界定统计活动各相关主体的权益、约束统计活动各相关主体行为，降低不确定性带来的交易费用，并保障统计活动各主体权益的一套行为规则和实施保障。统计制度具有制度的一般属性和规范对象的特殊属性。

（二）定量分析了统计制度变迁与经济增长的关系

本书采用多元线性回归模型和线性概率模型分析统计制度变迁与经济增长的数量关系，目前，与此相关的已有研究中还没有应用定量分析方法进行分析。

（三）提出了中国统计制度创新的建议

在对中国统计制度存在的问题及其原因、发达国家统计制度安排等方面进行实证分析后，提出了统计制度的改革建议：中国统计管理体制创新建议、中国统计调查核算制度创新建议、中国统计法律制度创新建议及中国统计制度协调机制建立的建议。

二、不足之处

本书虽基本实现了预期研究目标，但还存在一些不足，需要以后继续研究完善，不足主要表现在：

（一）统计制度成本与收益定量分析欠缺

对统计制度成本与收益关系进行研究时，没有建立成本收益函数，没有进行定量分析，这主要是由于缺乏相关的统计数据资料，因而仅在理论上进行了初步定性分析。

（二）统计制度运行效率分析不够深入

对统计制度运行效率进行分析时，只是在理论上简要分析了各项统计制度存在低效率情况，没有进行更深入研究。

今后，在方法与数据的支持下，将对以上两个方面进行进一步深入研究，完善研究体系、丰富研究成果。

第 一 章

统计制度研究成果综述及评析

统计发展是经济发展、社会进步的一个重要方面，在统计产生与发展过程中，如何提高统计工作社会经济效率、如何完善统计资源的配置、如何实现统计发展与社会经济发展的同步性、如何确保统计各层次制度间的一致性等统计制度相关问题一直是国内外学者和统计工作者普遍关注的。当前统计工作所面临的新形势，要求从统计制度创新出发，根本解决统计发展的瓶颈。国内外专家学者关于统计制度相关研究数量众多，本章对国内外统计制度相关的研究文献进行梳理、综述，并做出评析，为中国统计制度创新提供文献支持。本章主要观点为：第一，国外的统计制度虽然相对完善，但由于国情不同，不能照搬别国统计制度，所以应在借鉴别国经验的基础上，建立符合中国国情的统计制度理论体系与实践体系。第二，国内对统计制度的研究还不够全面，还需要深入、拓展，还要从个体研究上升到总体研究。

第一节 国外统计制度研究成果

对国外相关研究文献进行整理后，我们发现，国外关于统计制度的研究主要包括三个方面，即统计调查制度研究、统计核算制度研究和统计管理体制研究。

一、关于统计调查制度研究

国外专家、学者们对统计调查制度的研究，可以归纳为对普查制度、抽样调查制度及其他相关调查制度的研究。

普查制度研究。1086 年，英国开展了第一次具在现代意义的普查。1801 年，周期性普查制度确立，并在实践实施中不断发展完善。1849 年，美国普查委员会成立，统计学家 C. C. 肯尼迪（C. C. Kennedy）任秘书长，普查制度体系研究进一步深入，普查制度有了法律制度支持。1902 年，美国国会通过《永久普查法》，普查制度在美国有了法定地位和法律规范。学者们就各国普查制度的特点、差异、实施及与其他调查制度的协调配比等方面展开了研究。1999 年，托姆格里芬（Torm Griffin）[1] 对欧洲各国普查制度的差异进行了研究，他认为欧洲各国普查制度导向不同，各国普查的

① Torm Griffin："The Census in Europe"，*Statistical Journal of the United Nations ECE*，1999（16），pp. 223—230.

具体开展存在着非常大的差异：第一，从普查制度规定的实施时间来看，加拿大和爱尔兰每5年开展一次，与其他欧洲国家和地区不同；第二，只有少数国家对普查制度进行了较大革新，如依据人口普查制度和注册数据库制度开展各项普查工作；第三，苏联解体后各相关国家在实施普查制度时，对不同普查方式区分不清。2006年，阿尼尔·阿罗拉（Anil Arora）和格雷姆·吉尔莫（Graeme Gilmour）①研究了加拿大普查制度通过网络实施的问题，他们认为普查制度通过网络实施是可行的：第一，2004年进行的大规模的生活普查测试为普查数据收集制度的革新提供了机会；第二，信息技术手段的创新，保证了原有普查方法能够由网络调查方法合理替代。2007年，埃里克·舒尔特（Eric Schulte Nordholt）和弗兰克·林德（Frank Linder）②研究了荷兰行政记录与普查制度的匹配问题，他们认为：第一，2001年普查制度框架中对数据收集方法及数据处理方法进行了创新，其中最重要的创新是新增了关于行政记录使用的规定；第二，在将行政记录作为一种重要的数据来源之后，普查制度的实施成本明显下降。

抽样调查制度研究。该制度是在抽样思想、抽样技术理论体系形成的基础上建立并发展起来的。1802年，皮埃尔—西蒙·拉普拉斯（Laplace，Pierre - Simon）③在对法国人口进行估计时，已经具有了抽样思想。1895年，挪威统计局长A. N. 凯尔（A. N. kieer）提出了“用代表性方法来代

① Anil Arora，Graeme Gilmour：“Statistics Canada - Census on the net”，*Statistical Journal of the United Nations ECE*，2006（23），pp. 11 - 22.

② Eric Schulte Nordholt，Frank Linder：“Record matching for Census purposes in the Netherlands”，*Statistical Journal of the IAOS*，2007（24），pp. 163 - 171.

③ 易照华：“拉普拉斯”，http：//mkd. lyge. cn/z04 - 2/154. htm。

替全面调查的建议"①，引发了统计界对抽样理论的广泛关注。在英国的鲍莱、德国的詹森、英国的奈曼、美国的盖洛普、印度的马哈拉诺比斯等一大批统计学家及调查活动参与者的共同研究下，抽样理论逐渐形成。② 1925 年，抽样调查制度终于确立下来，并在实施过程中不断改进。现在抽样调查制度已经成为发达国家统计调查制度的主体部分。

其他相关调查制度研究。1999 年，彼德·斯帝伯德（Peter Stibbard）③ 研究了劳动调查统计资料的发布制度问题，他在分析 1985 年国际劳动调查统计惯例第 160 号和 170 号等调查统计制度情况下，提出调查资料发布制度与调查资料收集制度等调查制度是同样重要的，从调查发布制度实施途径、调查质量等方面进行研究后提出：调查发布制度不仅规范实施途径和调查质量，还要能促进与统计调查资料用户良好关系的建立。2008 年，阿萨德埃拉希（Asad Elahi）④ 研究了发展中国家统计调查制度面临的挑战和改进的方向，他认为由于存在内部和外部原因，因而与发达国家相比，发展中国家在统计调查数据收集方面面临着不同的约束集，对巴基斯坦经验教训进行了分析，他认为巴基斯坦有两个较成功的做法：一是建立了一个培训学院作为一个区域培训中心；二是在联合国统计部基金项目等支持下创建统计能力建设基金，这些对发展中国家统计调查制度建设有借鉴意义。

---

① 李金昌："正确理解样本代表性"，《中国统计》，2010 年第 8 期。

② 张启良："回望统计科学的发展历程"，http：//www.jxstj.gov.cn/News.shtml？p5 = 15501。

③ Peter Stibbard："Labour Statistics：Dissemination guideline"，*Statistical Journal of the United Nations ECE*，1999（16），pp. 79 - 104.

④ Asad Elahi："Challenges of data collection in developing countries - the Pakistani experience as a way forward"，*Statistical Journal of the IAOS*，2008（25），pp. 11 - 17.

二、关于统计核算制度研究

1664 年，威廉·配第（William Petty）① 提出国民收入估算思想，并于 1665 年做了实际的估算，开创了统计核算的先河。格雷戈里·金（Gregory king）② 进行了更深入的研究，在 1688 年做了更为详细的国民收入估算，并进行了国际比较研究。弗朗斯瓦·魁奈（Francois Quesnay）③ 在 1758 年设计了《经济表》，这是投入产出核算首次出现。蒂莫西·奥古斯丁科格伦（Timothy Augustine Coghlan）④（1886—1890）在连续核算、核算角度、生产净值概念三个方面进行了首创。国民收入核算的思想日益成熟。

第一次世界大战后，国民收入核算受到政府重视，一些国家确立了国民收入核算制度，此后 20 年间，国民收入核算制度研究成果迅速在世界范围内传播，并得以实施完善。林德尔（E. Lyndall）在 1930 年提出了国民经济运行的理论模式，该模式与现代国民经济核算制度体系十分接近。1936 年，瓦西里·列昂惕夫（Wassily Leontief）⑤ 编制了世界上第一张投入产出表，并据此于 1973 年获诺贝尔经济学奖。

随着核算方法、内容研究的不断推进，1953 年 SNA 制度体系初建，1968 年、1993 年 SNA 制度体系从内容、方法、标准及可操作性上做出了非常大的修改，SNA 制度体系中最重要的是国内生产总值（GDP）核算制度。GDP 是

① Wikipedia："William Petty"，http：//en. wikipedia. org/wiki/Sir_ William_ Petty.

② Wikipedia："Gregory King"，http：//en. wikipedia. org/wiki/Gregory_ King.

③ Wikipedia："Francois Quesnay"，http：//en. wikipedia. org/wiki/Francois_ Quesnay.

④ Wikipedia："Timothy Augustine Coghlan"，http：//en. wikipedia. org/wiki/Timothy_ Coghlan.

⑤ Wikipedia："Wassily Leontief"，http：//en. wikipedia. org/wiki/Wassily_ Leontief.

衡量国民经济发展规模、速度、结构和水平的核心指标，是世界各国普遍采用的一个综合指标。经济学家、统计学家及政府和国际组织对 GDP 的核算做了大量研究，使 GDP 核算制度体系所规范的内容越来越丰富。

2006 年，亨克（Henk Nijmeijer）① 从提高数据质量角度研究了核算制度体系的变革，他认为欧洲统计人员应遵守欧洲统计核算规则，做好地区统计核算。罗伯特（Robert）在 2007 年 SNA 制度体系下，研究了如何制定国际统计标准。

三、关于统计管理体制研究

国外专家、学者们对统计管理体制的研究主要涉及统计管理体制的协调、管理体制的改革时机、各国统计管理体制改革的主要内容、特点和统计管理与全球化关系等方面。

统计管理体制中的协调问题及统计管理体制改革时机研究。无论采取何种类型的统计管理体制，高效率的统计工作都离不开统计管理体制的独立、合法、协调和系统性的有效安排，而统计管理体制的协调问题是研究者主要关注的问题之一，因为各国统计管理体制的有效运行与各方的协调关系密切，这一点在西方发达国家统计管理中表现最为明显。实行分散型统计管理体制的美国、日本和实行集中型统计管理体制的加拿大、法国，均在统计管理体制中具有协调机构与机制的法定安排，而这四个国家统计管理体制运行的相对效率都较高。世界各国统计专家、学者，在理论与实践研究中关注官方统计协调机构的建立、条例的规定和合作关系的形

① Henk Nijmeijer："How to improve the quality of regional accounts estimates", *Statistical Journal of the United Nations ECE*, 2006 (23), pp. 193 - 208.

成等官方统计体制中的协调问题，不断完善统计协调机制。2004 年，卡斯滕（Carsten A. Holz）① 从面临的挑战、数据问题和机构改革问题，分析了中国统计管理体制的变迁，他认为中国经济转型影响了统计数据的一致性，中国统计管理体制的创新仍不完善。让—皮埃尔·勒（Jean – Pierre Le Gléau）② 对法国统计管理体制的现实状况进行了分析，他认为法国统计工作关系协调是由于在人员的培训和交流、工具的使用、方案的设计、概念和术语的统一等方面做的较好。古尼拉（Gunilla Lundholm）③ 研究了瑞典官方统计体制中的协调问题，他认为官方统计协调机构的建立、条例的规定和合作关系的形成是统计体制协调主要应考虑的。任何一项改革都必不可少的要相机而行，统计管理体制改革也不例外，1985 年，罗伯特·W. 皮尔逊（Robert W. Pearson）④ 研究了 1980 年到 1985 年美国统计体制改革的时机选择问题，通过分析明确合适的改革时机带来的效果。

各国统计管理体制改革内容、过程和特点研究。2007 年，世界各国统计管理人员对统计管理体制的改革历程、内容等方面进行了系统研究，取得了许多研究成果。正弘堀江（Masahiro Horie）⑤ 对日本新的统计管理体制进行了阐述，并指出日本统计管理体制改革的内容，指出财政经济委员会

① Carsten A. Holz："China's statistical system in transition: challenges, data problems, and institutional innovations", *Review of Income and Wealth*, 2004 (9), pp. 381 – 409.

② Jean – Pierre Le Gléau: "The system of official statistics in France: Decentralized, but closely coordinated", *Statistical Journal of the United Nations ECE*, 2004 (21), pp. 241 – 246.

③ Gunilla Lundholm: "The system of official statistics in Sweden – coordination through cooperation", *Statistical Journal of the United Nations ECE*, 2004 (21), pp. 247 – 254.

④ Robert W. Pearson: "The Changing Fortunes of the U. S. Statistical System, 1980 – 1985", *Review of Public Data Use*, 1984 (12), pp. 245 – 269.

⑤ Masahiro Horie: "New direction of the reform of the statisticalsystem in Japan", *Statistical Journal of the IAOS*, 2007 (24), pp. 75 – 80.

和改革特别委员会的建立，是为了使统计数据能够满足社会日益变化的需求。海利·耶斯卡宁（Heli Jeskanen－Sundstr）①从统计环境改变和用户需求增加、统计管理面临的挑战、风险与不确定的识别、管理框架和管理工具的改变等方面，对统计管理体制改革进行了分析，他认为管理体制完善是一个永远追求的目标，统计管理体制改革要形成一个能提供连续的信息流和良好知识的坚实管理框架，推动现代化统计管理工具的培训和使用。丹尼斯·特里温（Dennis Trewin）②③从国家统计机构独立性、统计管理的地位上升、统计全球合作等方面，对统计体制变革进行了阐述，并对统计体制改革的方向及影响进行了论证。理查德·劳克斯（Richard Laux），理查德·奥卓特（Richard Alldritt）和卡伦德内尔（Karen Dunnell）④对英国统计体制改革过程进行了分析，解释了英国历史形成分散型统计管理体制及向集中型转化的原因：一是为提高中央政府统计的权威性，二是为提高政府统计公信力，三是为满足政府统计服务对象的变化而产生的新需求。希尔韦托·卡尔维略·比韦斯（Gilberto Calvillo－Vives0）⑤研究了墨西哥统计体制改革与国家地理系统发生的变革，他认为变革是由政治体制的巨变引发的，遵循可得性、透明性、客观性和独立性原则，其核心内容

---

① Heli Jeskanen－Sundström："Needs for change and adjusting to them in the management of statistical systems", *Statistical Journal of the IAOS*, 2007 (24), pp. 85－91.

② Dennis Trewin："Summary of discussion on evolution of National Statistical Systems", *Statistical Journal of the IAOS*, 2007 (24), pp. 105－109.

③ Dennis Trewin："The evolution of national statistical systems: Trends and implications", *Statistical Journal of the IAOS*, 2007 (24), pp. 5－33.

④ Richard Laux, Richard Alldritt and Karen Dunnell："Evolution of the United Kingdom statistical system", *Statistical Journal of the IAOS*, 2007 (24), pp. 47－59.

⑤ Gilberto Calvillo－Vives："Transformation of the Mexican statistical and geographical system", *Statistical Journal of the IAOS*, 2007 (24), pp. 71－74.

是：国会负责或授权有关机构进行统计和地理信息立法，并建立国家统计系统和地理信息协调机构。爱德华多·佩雷拉·努内斯（Eduardo Pereira Nunes），瓦西马里比瓦（Wasmália Bivar）和泽里比安凯尼（Zélia Bianchini）[①] 研究了加强巴西统计能力建设所需要的体制改革，他们认为减少不确定性的关键是与统计数据用户建立良好的关系，统计管理体制改革应能对关键用户产生更好的激励。

统计管理体制与全球统计体系的关系研究。政府统计管理体制与全球统计体系关系密切，随着经济全球化，统计信息的收集、传递方式不断调整以适应世界经济的发展，全球统计体系发生了巨大改变，也深刻影响了各国政府统计管理体制发展。2008 年，赫尔曼·哈伯曼（Hermann Habermann）[②③] 分析了政府统计机构历史发展，并分析了政府统计机构对全球统计体系的影响。巴利·莱霍拉（Pali Lehohla）[④] 研究了在全球统计系统下非洲统计机构、工作制度等方面的发展变革及存在的问题。

---

① Eduardo Pereira Nunes, Wasmália Bivar, Zélia Bianchini: "Some challenges for strengthening the Brazilian statistical capacity", *Statistical Journal of the IAOS*, 2007 (24), pp. 81 – 83.

② Hermann Habermann: "On the evolution of national statistical offices", *Statistical Journal of the IAOS*, 2007 (24), pp. 35 – 40.

③ Hermann Habermann: "The role of national statistical offices in global statistical systems", *Statistical Journal of the IAOS*, 2008 (25), pp. 69 – 71.

④ Pali Lehohla: "Statistical development in Africa in the context of the global statistical system", *Statistical Journal of the IAOS*, 2008 (25), pp. 27 – 45.

第二节

国内统计制度研究成果

国内统计制度研究主要包括四个方面，即统计调查制度研究、统计核算制度研究、统计管理体制研究和统计法律制度研究。

一、关于统计调查制度研究

中国是世界上最早进行人口普查的国家。从周朝开始，统治者为了巩固自己的统治地位，推动了人口普查制度的建立，但当时的普查制度与现代普查制度从目的、项目、实施等方面都存在着极大的差别。对普查制度及调查制度真正有意义的研究还是在现代，尤其是在改革开放后。

普查制度与抽样调查制度的建立及优势研究。李金昌①提出，建立周期性普查制度要研究和解决两个问题：制度问题与周期问题。制度问题就是要从制度上明文规定普查的合法性、周期性和组织机构，即法律制度、周期性制度和组织制度；周期问题就是要合理确定普查的周期长短和周期的起点年份。冯士雍和程翰生②对抽样调查方法制度进行了研究，探讨了抽样调查方法制度的优越性，他们认为抽样调查

① 李金昌："试论建立周期性普查制度的两个问题"，《统计研究》，1994 年第 6 期。

② 冯士雍、程翰生："一种科学的统计调查方法——抽样调查"，《中国科技论坛》，1986 年第 3 期。

具有花费少、适时性强的特点，提出抽样调查方法制度实际运用时要根据实际情况进行方案设计。雷钦礼[①]提出了政府统计抽样调查制度的总体框架：适应经济体制和政府管理及城乡统筹的要求，统计调查制度应以抽样调查制度为主体，主要在地市一级建立抽样调查队伍和机构，改革调查指标体系和调查内容，采用名单框和区域框相结合的双框式抽样对企业进行调查；根据抽样调查得到的资料，汇总形成用于宏观经济管理与分析的各类数据，并建立用于微观研究的微观社会经济活动主体数据库。

统计调查制度存在的问题研究。1953 年，以统计报表制度为基础的全国统计调查制度体系建立，盛会寿[②]就统计调查制度实施过程中统计调查领导机构、调查者和被调查者存在的问题进行了分析，认为调查制度制定存在不符合客观实际情况，调查工作开展过程中产生了许多矛盾，调查者思想水平有待提高，被调查者心中存有顾虑。安康、韩兆洲[③]利用制度经济分析方法，分析了中国统计调查制度的现实状况，提出中国统计调查制度体系存在的问题：一是统计调查体系存在体制缺陷；二是统计调查体系的制度保障虚位或缺位；提出从完善体制、刚性制度建设、软性制度建设等方面采取措施，提高统计调查制度效率。

统计调查制度规范研究。黄海[④]对统计调查制度法律规范进行了解析，他认为统计调查制度法律规范主要是为了保障调查的计划性、科学性、统一性、方法多样性和分工合理

---

① 雷钦礼："中国政府统计抽样调查制度的总体框架研究"，《山西财经大学学报》，2004 年第 10 期。

② 盛会寿："对统计调查工作中产生的内部矛盾的一些看法"，《财经研究》，1958 年第 5 期。

③ 安康、韩兆洲："统计调查体系的制度经济学分析"，《改革与战略》，2009 年第 10 期。

④ 黄海："统计调查计划和统计制度"，《统计》，1984 年第 7 期。

性。罗建章[①]研究了统计调查制度中调查单位的统一规范，他认为从提高管理水平和宏观分析调控质量、增进资料对比等目标出发，应以活动单位作为基本统计单位来统一规范。梁志方[②]分析了规范部门统计调查的必要性，针对各部门不依据统计法进行统计调查的现实状况，提出部门行政领导加强科学管理意识，强化统计宣传教育。

统计调查制度建立的原则及协调研究。李恢宏[③]对改革开放后十年的统计调查制度的改革与发展进行了总结，他论述了新增的统计调查制度的制定情况，如第三次产业调查统计制度、财政信贷综合调查统计制度、能源调查统计制度和主要统计指标定期公布制度等；阐述了抽样调查制度与其他调查制度实施范围的拓展和变更；说明了普查制度的实施情况。权贤佐[④]提出了统计调查制度体系建立应遵循的原则，即统计调查体系改革与经济管理体制相适应、与调查总体的变化相适应、与中国统计工作的实际需要相适应，符合统计改革的方向，并具有可操作性。马岚[⑤]对统计调查制度的协调问题进行了研究，分析了中国统计调查的现实状况，她提出建立统计调查协调机制及其基本框架。

统计调查制度改革的突破点研究。石良平[⑥⑦]研究了调查模式的选择与改革思路，他认为应选择有改进的抽样调查模式，即采用西方国家较流行的目录抽样制度。龙华和王

---

① 罗建章："关于统计调查单位统一规范及其取向的思考"，《云南财贸学院学报》，1994 年第 1 期。

② 梁志方："部门统计调查有待规范"，《中国统计》，2005 年第 11 期。

③ 李恢宏："十年来统计调查制度的改革与发展"，《统计研究》，1989 年第 5 期。

④ 权贤佐："对当前我国统计调查体系改革的思考"，《中国统计》，1995 年第 3 期。

⑤ 马岚："论统计调查协调机制的建立"，《上海统计》，2001 年第 10 期。

⑥ 石良平："我们应选择怎样的统计调查模式"，《上海统计》，1994 年第 11 期。

⑦ 石良平："统计调查模式的改革与选择"，《调研世界》，1995 年第 2 期。

凡[①]分析了统计调查方法制度改革与统计效益的关系，他们认为调查方法体系改革是为了解决采集统计信息的手段问题，应从贸易统计方面实现突破，建立目录抽样制度，并分析调查方法体系改革后社会经济成本节约与效益增加的可能方面。李强[②]、徐金玉[③]从服务业统计调查口径及建立和完善服务业统计调查制度的现实必要性和中国现实发展状况出发，提出了服务业统计调查制度设计的原则、重点及具体步骤和实施路径。张利华[④]提出实行《统计一套表》制度。他分析了国家统计局1993年试行过的“7+1”《一套表》不成功的原因有：调查规定的范围过大、统计内部组织模式未及时变革、统计信息技术手段相对滞后和统计方法制度不完善，提出科学合理的规定调查范围、频率，按实际需要调整调查机构的设置，确保《统计一套表》制度有效发挥作用。任庆丰、谢九洪、柴清春[⑤]对四川广元市县、乡镇统计的组织模式与流程进行了研究，并对《乡镇统计一套表》多年试行情况进行了总结。

中国现代统计调查制度体系构建研究。1994年，以周期性普查为基础的国家统计调查制度体系建立。张塞[⑥]指出，由于市场经济的发展，带来调查对象、经济结构和统计信息供求关系等多方面的变化，所以改革统计调查制度体系刻不容缓，提出要依据集中统一、分级负责、科学性和整体

---

① 龙华、王凡：“统计调查方法改革与统计效益”，《统计研究》，1995年第10期。

② 李强：“采取有效措施　建立和完善服务业统计调查制度”，《中国统计》，2010年第10期。

③ 徐金玉：“建立全口径服务业统计制度的思考”，《中国统计》，2010年第8期。

④ 张利华：“对实行统计一套表的再思考”，《统计研究》，2005年第1期。

⑤ 任庆丰、谢九洪、柴清春：“《乡镇统计一套表》实证研究”，《统计研究》，2005年第7期。

⑥ 张塞：“适应建立社会主义市场经济体制的需要进一步改革统计调查体系”，《统计研究》，1994年第3期。

推进与重点突破相结合的原则，建立周期性的普查制度，大力普及应用抽样调查技术，逐步缩小全面统计报表制度的范围，发挥重点调查的优势，特别是要发挥科学推算的作用。谢洪礼[①]提出，建立普查与抽样调查相结合的统计调查制度体系，他认为调查体系的决定因素是统计调查的目的和任务。市场经济体制建立后，统计调查的目的和任务发生了改变，政府统计要做到全面、及时、方便，就要结合普查与抽样调查制度的特点，通过时间、资料等方面的衔接来实现普查制度与抽样调查制度有效结合。李金昌[②③④]提出了中国统计调查制度体系的思路，他认为中国应该建立“以经济普查制度为核心，以社会经济抽样调查制度为主体，以其他各项调查制度作为补充，形成符合国际惯例的、标准的、规范的统计调查制度体系”。他提出了重新构建统计调查运行制度体系的主要方面：一是建立委托代理关系明确、集中统一的统计管理体制；二是建立新的政府统计调查组织架构；三是加快提高统计调查信息技术，全面实现统计调查组织实施的网络化；四是努力培育全社会统计调查监督体系。李宝卿[⑤]对构建现代统计体系进行了论证，他从统计制度方法体系、基层网络体系、信息技术体系等方面进行了论述，他认为首先要注重调查方法的科学性，逐步建立以周期性普查为基础，经常性抽样调查为主体，全面统计、重点调查和科学

---

① 谢洪礼：“应建立普查与抽样调查相结合的统计调查方法体系”，《统计研究》，1994年第10期。

② 李金昌：“我国到底应该建立什么样的统计调查制度体系”，《商业经济与管理》，2003年第10期。

③ 李金昌：“确立抽样调查主体地位　建立现代抽样调查制度”，《统计与信息论坛》，2004年第3期。

④ 李金昌：“论我国统计调查运行体系的重新构建”，《商业经济与管理》，2004年第10期。

⑤ 李宝卿：“关于架构现代统计体系的思考”，《中国统计》，2003年第10期。

推算等多种方法综合运用的统计调查方法体系；提出以综合数据库应用为龙头，建成省级统计数据中心。王忠辉[①]认为：应合理划分中央层面政府统计分工、增强国家统计局的统筹协调能力、完善中央政府统计调查方法体系，提出构建两层次政府统计调查体系：一是针对中央政府在国家宏观经济调控和制订中长期发展规划的统计数据需求，既要做到系统、完整，又要保证少而精，可结合中国国民经济核算制度规定和国际数据通用标准对统计数据的需求数量、时间、范围和质量等做出系统安排，对中央政府层次的统计可实行统一规范的统计调查制度，保障统计调查数据资料不受人为干扰；二是针对省、市、县各层级地方政府进行区域管理的统计数据需求，应该在中国统计法律规定的合理范围内，由省级政府负责统计调查的统一组织管理工作，按照谁需要、谁统计、谁付钱的原则进行。

二、关于统计核算制度研究

MPS 核算制度与 SNA 核算制度比较研究。1992 年以前，中国统计核算制度大致可归为 MPS 核算体系。庞皓[②]、李协和、肖中强[③]、张塞[④]分析了中国 MPS 核算制度体系，论述了国民经济综合平衡统计核算制度的内容、核心、方法及存在的问题，并与国际上 SNA 体系进行了比较研究，吸收 SNA 体系优点，提出了建立中国国民经济统计核算制度

---

① 王忠辉："构建两层次政府统计调查体系"，《统计研究》，2007 年第 12 期。

② 庞皓："我国国民经济综合平衡统计核算体系问题"，《财经科学》，1982 年第 3 期。

③ 李协和、肖中强："建立国民经济平衡统计核算体系的初步设想"，《江西财经学院学报》，1982 年第 1 期。

④ 张塞："关于国民经济综合平衡统计核算几个问题的探讨"，《统计研究》，1985 年第 5 期。

体系设想。刘鸿熙[①]认为投入产出核算是国民经济统计核算制度体系的核心，以投入产出核算为核心具有很多优点：一是便于核算指标间相互配套，二是便于核算方法的统一，三是便于核算标准的统一，四是便于统计核算制度体系的一致、完整、协调，五是便于统计核算制度与会计核算制度协调一致。崔书香[②]从核算的原理、核算的形式、核算的系统性、核算的科学性和核算分类方法等方面，论证了 SNA 体系与 MPS 体系相比的优越性，她认为中国应建立 SNA 核算制度体系，并论证了建立 SNA 核算制度体系的可行性。庞皓[③]对核算制度体系涉及的范围和核算口径进行了研究，他认为：第一，有计划的商品经济是确定社会生产理论范围的出发点；第二，应根据国民经济核算的目的确定社会生产核算的范围；第三，为保证统计口径的稳定性、可操作性和可比性，对社会生产核算的统计口径可做些变通处理。

SNA 核算制度与新国民经济核算制度比较研究。1992 年，中国开始试行与联合国 SNA 体系相衔接的统计核算制度。赵彦云、曾德权、姚丽芳、王晓红[④]从原统计核算制度体系与经济体制不适应、不能满足对外交流需要等方面，分析了核算制度改革的必要性，从理论与实践两方面分析核算制度改革的可能性，论证了中国新国民经济核算制度体系的

---

① 刘鸿熙："建立国民经济统计核算体系应以投入产出统计为核心"，《统计》，1986 年第 2 期。

② 崔书香："对我国国民经济核算体系改革和国民收入统计问题的一些看法"，《中央财政金融学院学报》，1987 年第 3 期。

③ 庞皓："对社会生产核算理论范围和统计口径的再认识"，《数量经济技术经济研究》，1987 年第 5 期。

④ 赵彦云、曾德权、姚丽芳、王晓红："新国民经济核算体系改革及理论"，《经济经纬》，1994 年第 4 期。

两个基本内容及其优点。许宪春[①②]指出中国新国民经济核算制度体系与1993年SNA的区别主要表现在四个方面，即基本概念和术语的区别、基本分类的区别、基本核算内容的区别及基本账户结构的区别，并就这四个方面的区别，提出了进一步完善新国民经济核算体系的若干设想。

中国统计核算制度发展变化研究。2002年，中国制定了《中国国民核算体系》，统计核算制度体系进一步调整，增加了更多新规范。郑京平[③]、蒋萍[④]、许宪春[⑤]回顾了中国国民经济核算制度体系的改革与发展，许宪春认为中国政府

---

① 许宪春："中国新国民经济核算体系与1993年SNA的若干区别"，《统计研究》，1994年第5期。

许宪春："中国新国民经济核算体系与1993年SNA的若干区别（续一）"，《统计研究》，1994年第6期。

许宪春："中国新国民经济核算体系与1993年SNA的若干区别（续二）"，《统计研究》，1995年第1期。

许宪春："中国新国民经济核算体系与1993年SNA的若干区别（续三）"，《统计研究》，1995年第2期。

② 许宪春："关于进一步完善新国民经济核算体系的若干设想——基本概念的补充和调整"，《统计研究》，1995年第6期。

许宪春："关于进一步完善新国民经济核算体系的若干设想——基本分类的补充和调整"，《统计研究》，1996年第2期。

许宪春："关于进一步完善新国民经济核算体系的若干设想——基本核算内容的补充和调整"，《统计研究》，1997年第1期。

许宪春："关于进一步完善新国民经济核算体系的若干设想——经济循环账户和基本核算表的修订"，《统计研究》，1997年第2期。

③ 郑京平："中国国家统计体系简介（四）——国民经济核算"，《中国统计》，2002年第5期。

④ 蒋萍："国民经济核算与政府统计改革"，《统计研究》，2002年第8期。

⑤ 许宪春："近几年我国GDP核算改革的回顾和进一步改革的若干思考"，《统计研究》，2006年第1期。

许宪春："中国国民经济核算的新发展和SNA修订的挑战"，《统计与信息论坛》，2007年第1期。

许宪春："中国政府统计面临的挑战和发展机遇（上）"，《中国统计》，2008年第4期。

许宪春："中国政府统计面临的挑战和发展机遇（下）"，《中国统计》，2008年第6期。

许宪春："中国政府统计面临的挑战和发展机遇（中）"，《中国统计》，2008年第5期。

统计同时面临着发展机遇和挑战。机遇体现在：中国政府统计发挥了越来越重要的作用、中国政府统计得到高度重视和广泛关注、对中国政府统计的需求越来越多；挑战主要表现在：政府统计面临着社会环境的不断变化、基层统计基础薄弱、统计调查制度不完善、行政记录不完善、统计数据权威性和统计知识普及方面进展慢。吴优、李锁强和任宝莹①介绍并分析了加拿大资源环境统计与核算制度体系，加拿大国民经济核算体系中加入了两个方面的环境统计核算内容：第一，在资产负债表中加入自然资源（作为经济资产）；第二，建立环境经济综合核算账户。他们认为，加拿大进行环境统计核算时，依据联合国环境核算体系，坚持从本国国情出发，选择政府和公众所关注的、与社会发展密切相关的、统计基础较好、易于实际操作的领域开展资源环境核算。向书坚、平卫英②对循环经济统计核算理论研究进行了述评，他们认为当前循环经济统计核算主要分为两种基本模式，即绿色国民核算体系和物质流核算模式，提出中国循环经济统计核算的可行模式应是物质流核算模式。钟兆修③设计了统计核算模式框架，分析了统计核算模式的五个特征及统计核算制度的影响。

三、关于统计管理体制研究

许多学者对国外各国统计管理体制和统计工作开展情况进行了介绍，并归纳了各国统计管理体制的特点，提出了一

① 吴优、李锁强、任宝莹："加拿大资源环境统计与核算的主要内容和方法"，《统计研究》，2007 年第 6 期。

② 向书坚、平卫英："循环经济统计核算问题研究述评——兼论我国循环经济统计核算的可行模式"，《统计研究》，2008 年第 11 期。

③ 钟兆修："关于统计核算模式的探讨"，《中国统计》，2010 年第 3 期。

些可借鉴性的建议。

各国统计管理体制分类及特点研究。贺铿等[①]分析了统计管理体制的类型、划分标准和优势与不足，研究国外统计管理体制的共性及发展趋势，并针对中国政府统计管理体制现实状况及存在的问题，提出政府统计体制改革的设想。余芳东[②③]分析了主要发达国家统计管理体制的类型及特点，认为发达国家统计工作展开较好的原因是统计管理体制较健全，特别是统计管理体制中普遍对统计工作的独立性、合法性、协调性和系统性规范明确。夏春婉、林勇[④]认为原有对统计管理体制的类型的划分方法过粗，提出将政府统计管理体制重新划分为九种类型，并提出中国政府统计管理体制的的改革建议。

集中型统计管理体制与分散型统计管理体制比较与结合研究。王自力、刘娇琳[⑤]对比了集中型统计管理体制与分散型统计管理体制的特点，他们提出中国建立统计管理体制要吸收两种统计管理体制的优点。岑国荣[⑥]、孙学光[⑦]通过对比中外统计管理体制的内容、历史发展和特点，提出了中国统计管理体制改革的内容、方向。岑国荣认为，统计体制的集中化和超脱性是不同国家统计管理体制的共同和本质特征，中国统计体制改革应将集中化与超脱性有机结合起来，实行统计管理的垂直统一领导；孙学光认为，统计管理体制

---

① 贺铿等："中外政府统计体制比较研究"，《统计研究》，2001 年第 3 期。

② 余芳东："外国政府统计体制的类型及其特点"，《改革》，2001 年第 1 期。

③ 余芳东："外国政府统计体制的共同点"，《中国信息报》，2000 年 7 月 11 日。

④ 夏春婉、林勇："国内外政府统计体制的比较研究"，《统计教育》，2010 年第 10 期。

⑤ 王自力、刘娇琳："国外统计体制比较与我国统计体制改革"，《统计与决策》，1987 年第 8 期。

⑥ 岑国荣："从国际比较看我国统计体制的改革方向"，《统计与决策》，1993 年第 3 期。

⑦ 孙学光："从中外比较看我国统计体制改革的取向"，《中国统计》，1999 年第 10 期。

的集中与分散是相对的，集中与分散的融合是统计管理体制变化的一个突出特点，统计管理体制的理想模式是集中与分散相结合的混合型的体制，既有国家集中统一统计要求，又考虑部门、地方对统计信息不同层次的需求。

集中型统计管理体制优势理论与实践研究。加拿大实行典型的集中型统计管理体制，加拿大统计工作主要由加拿大统计局完成，目前 95% 以上的统计数据来自于加拿大统计局，其他政府部门不专设统计机构，发挥了集中型体制的统一、高效优势，同时也解决了集中型体制常带来的机构庞大、内部管理与协调困难等问题。闫海琪①、权贤佐②分别介绍了挪威和加拿大统计管理体制的状况，论述了两国统计管理体制的特点和优势，提出了利用两国统计管理经验，建立减少干预、增强统计独立性、理顺各方关系的中国统计管理体制。黄海③介绍了 1968 年后匈牙利的全面经济体制改革的特点，阐述了由于经济体制改革带来统计工作加强的主要方面，他说明了匈牙利高度集中的统计管理体制发挥的作用。白音巴特尔④介绍了澳大利亚集中的统计管理体制，并阐述了与统计管理体制适应的其他统计方法制度的良好实施。余芳东⑤对澳门官方统计管理组织体系、澳门统计机构的发展演变、统计工作的展开和统计资料和统计文化知识的推广和宣传等方面做出了详细介绍。

分散型统计管理体制优势理论与实践研究。美国实行典型的分散型统计管理体制，联邦政府各部门独立开展统计工作，几乎所有联邦机构都涉及统计工作，部门统计与行政管

① 闫海琪："挪威统计体制"，《中国信息报》，2000 年 8 月 7 日。
② 权贤佐："加拿大统计体制"，《中国信息报》，2001 年 6 月 2 日。
③ 黄海："匈牙利的经济体制改革和统计工作"，《统计》，1980 年第 3 期。
④ 白音巴特尔："澳大利亚的市场化统计体制"，《统计教育》，1999 年第 2 期。
⑤ 余芳东："澳门统计体制概况"，《统计教育》，2000 年第 6 期。

理需要相结合，统计信息供需得到平衡，各部门能及时准确获取统计信息，并很好地解决了分散型统计管理体制容易产生的官方统计数据不完整、重复统计、口径不同、数出多门、资料不衔接等问题。吴辉①介绍了美国统计管理体制的概况，阐述了各部门统计机构建立的缘起及发展和统计工作分工情况；余芳东②从统计经费、统计标准、统计信息质量管理和统计数据的保密、共享与发布等方面分析了美国松散统计管理体制下的统计机构的法定权威性、统计政策体系的完善和统计机构独立与协调能力的优势。吴勉坚③对日本政府统计管理体制做了介绍，指出日本政府统计管理体制主要优点是统计管理体制具有法定性、协调性、灵活性和综合性。左海峰、朱光明④分析了日本统计管理体制改革的背景及改革的主要内容，对改革所涉及的主要情况进行了评析，他们认为日本统计管理体制改革还是处于起步阶段。

中国统计管理体制现状和存在的问题及产生的原因研究。专家、学者们对中国统计管理体制现状、存在的问题及主要原因进行了研究，提出了中国统计管理体制改革的方法、思路和方向。统计工作缺乏独立性是统计数据缺乏准确性、时效性和具有盲目性的直接原因。孙冶方⑤认为，当前存在的统计数字资料不准确、不适应性、盲目性和唯意志论，主要是由于统计工作不独立造成的，他提出，统计管理体制改革必须首要考虑统计工作的独立性，强化各统计活动参与者科学统计思想意识，建立起具有较高法律和社会地位、强有力的统计系统。解决当前统计管理体制存在的问

① 吴辉："美国的统计体制"，《统计研究》，1992 年第 4 期。
② 余芳东："美国联邦政府统计体制及其启示"，《统计教育》，2010 年第 1 期。
③ 吴勉坚："日本统计体制一瞥"，《统计与决策》，1996 年第 4 期。
④ 左海峰、朱光明："简评日本的统计体制改革"，《统计研究》，2008 年第 7 期。
⑤ 孙冶方："加强统计工作　改革统计体制"，《统计》，1980 年第 3 期。

题，可结合国情吸收外国先进经验。岳巍[1]说明当时统计管理体制下统计方法、服务方式等方面存在许多问题，他认为，统计管理体制改革是经济体制改革的一部分，改革统计管理体制，应将国际上的统计科学、统计管理规范同中国实际情况紧密结合，在中国社会经济复杂、发展不平衡的条件下科学地组织统计工作，使统计资料更好地满足各方面的需要。统计法律责任义务的明确规定是统计工作良好开展的根本依据。黄海[2]对统计法规定的统计管理体制与统计机构和统计人员工作责任进行了解析。国家统计管理体制的选择主要取决国家体制和发展状况。黄良文[3]认为，一个国家应该采取什么样的管理体制，既取决于该国的经济制度，又受社会经济发展情况的影响，他分析了中国统计管理体制的建立及发展的过程，指出当前统计体制面临的矛盾和改革需要研究解决的一系列问题。陆建新[4]认为，统计管理体制不适应商品经济的要求，商品经济要求建立领导相对独立的、统计机构健全的、统计信息网发达的和市场竞争观念充分的统计管理体制，提出建立垂直领导管理体制，并健全各项统计制度。

基层统计管理体制存在的问题、实践经验及改革设想研究。张国才[5]认为，由于当前统计管理体制不健全产生了一系列矛盾，在基层统计管理上表现为：一是基层统计机构和人员设置存在结构性矛盾，二是基层统计业务经费严重匮乏，三是一些领导干扰统计工作，使数据失真。他提出统计

---

① 岳巍："经济体制改革和统计工作改革"，《统计研究》，1985 年第 3 期。

② 黄海："统计管理体制与统计机构和统计人员工作责任制"，《统计》，1984 年第 3 期。

③ 黄良文："中国统计体制的改革问题"，《厦门大学学报（哲学社会科学版）》，1986 年第 3 期。

④ 陆建新："我国统计体制改革的若干问题"，《中国经济体制改革》，1986 年第 11 期。

⑤ 张国才："改革基层统计体制　促进统计事业发展"，《统计研究》，1999 年第 10 期。

管理应实行从人员编制到经费全部上划的一条线垂直管理。丁建明①认为中国经济体制转型时期，县级统计管理面临四大矛盾：一是体制改革深化与统计基础弱化的矛盾，二是统计工作繁重与统计力量薄弱的矛盾，三是统计数据失真与计算技术先进的矛盾，四是经济欠发达与统计事业发展的矛盾。朱秋燕②介绍了湖北省襄樊市襄城区从1997年开始在基层统计管理体制改革方面的探索——全区统计人员实行“统派制”，她总结了“统派制”实施的内容、范围和方法及其在基层统计工作中表现出来的优势。吕继生、李若曼、杨彦彬③从大庆市统计管理的现实和存在的问题出发，提出基层统计管理体制改革的设想：第一，完善基层统计机构设置，建立和完善“一局三队”的市级统计机构，充实县区统计机构力量，建立乡镇、街道统计工作站；第二，调整市、县统计机构内部设置；第三，调整各部门统计职能；第四，加强基层单位统计规范建设；第五，推进各项统计管理制度改革深入。李兴怀④（2009）对四川各乡镇基层统计管理的历史背景及改革模式等方面进行了分析，他阐述了基层统计管理体制的缺欠，论述了2008年在遂宁市大英县开展的四川乡镇统计直接管理模式产生的有利情况：一是统计人员管理强化，二是统计基础建设加强，三是统计管理体制优化。

中国统计管理体制改革的设想。黄海⑤认为，现行统计管理体制的弊端集中地表现在五个方面：一是统计监督软弱

① 丁建明：“体制转型期县级统计机构面临的四大矛盾”，《统计研究》，1999年第10期。

② 朱秋燕：“基层统计管理体制改革初探”，《统计与决策》，1999年第10期。

③ 吕继生、李若曼、杨彦彬：“关于构建大庆跨世纪统计体制问题研究”，《中国统计》，2000年第6期。

④ 李兴怀：“四川乡镇统计体制改革模式探索”，《中国统计》，2009年第10期。

⑤ 黄海：“对统计体制改革的思考与论证”，《统计研究》，1988年第12期。

无力，二是统计协调权力过弱，三是统计整体效益不高，四是统计系统建设缓慢，五是统计信息技术落后；他提出，中国统计管理体制改革必须解决五个主要问题：一是强化国家统计领导机构，二是建立垂直独立的国家统计系统、加强城市和农村统计信息网络建设，三是国家统计与部门统计科学分工、密切协作，四是加快国家统计信息自动化系统建设，五是完善全国统计法制建设。杨廷干、张耀辉[①]论述了中国传统统计管理体制的局限性，提出了中国统计管理体制改革的现实取向：第一，各方面对统计信息的需求是逐渐扩大的趋势，政府统计部门包揽一切统计信息的收集、处理是不现实的；第二，新统计管理体制的设计应将统计信息的收集、提供与经营管理结合起来；第三，新统计管理体制必须加强社会统计工作在统计业务、会计、统计核算等方面的组织协调。

中国未来统计管理模式研究。专家、学者们对中国统计管理模式进行研究，提出了对未来中国统计管理模式的设想主要有：高度集中统一的管理模式、四位一体管理模式。邱东[②]认为，中国统计管理体制目标模式要在系统性思考的基础之上建立，他提出实行高度集中统一的统计管理体制。曾五一[③④]分析了中国统计管理体制历史演变过程和现实状况，指出当前统计工作存在的难点和中国现行统计管理体制的缺欠。存在的难点有：一是统计数据调查难，二是统计弄虚作假，三是统计数据“数出多门，数字打架”。体制的缺欠

① 杨廷干、张耀辉：“中国统计体制改革的现实选择”，《统计与决策》，1992 年第 4 期。

② 邱东：“中国应实行高度集中统一的统计管理体制”，《统计研究》，1987 年第 8 期。

③ 曾五一：“关于我国统计体制改革的思考”，《厦门大学学报（哲学社会科学版）》，2005 年第 7 期。

④ 曾五一：“要科学规划统计体制改革的思路”，《统计研究》，2007 年第 12 期。

有：一是中国的统计法律法规体系不完善，二是政府统计系统上下级之间责、权、利划分不明确，三是政府综合统计与部门统计之间的职责不清，四是政府统计系统内部设置不尽合理。他提出的主要改革建议有：第一，建立权威的国家级统计协调机构；第二，逐步建立集中统一的统计管理体制，提高国家统计局的行政管理级别，加强全国统计工作的领导和管理；第三，通过统计法律法规，明确规定统计的独立性和中立性；第五，对省级统计局实行"双重领导、分级管理"的模式，省级以下的地方政府统计机构实行"集中统一、垂直领导"的模式。姜玉山、朱孔来[①]从现行统计体制存在的问题出发，论述了统计体制改革应遵循的原则和改革的模式，他们认为应建立集中统一、分类垂直管理，政府统计与民间统计四位一体的统计管理体制。"国家统计机构比较研究"课题组[②]对中国政府统计组织结构与各国政府统计组织结构及管理模式进行了比较分析，总结官方统计基本原则及其具体实施状况，提出成立多层面协调机构、增强协调机制，提高统计专业化水平，建立统计数据质量评估制度，进一步完善统计立法，开展统计创新研究，提高统计人员素质及公众统计素养，进一步增强国家统计体系运行效率。李金昌、徐蔼婷[③]分析了统计组织结构现实状况及存在的问题，提出了按功能（流程）设置统计内部组织模式与流程的"一局制"的国家统计体系设想。

---

① 姜玉山、朱孔来："什么是未来统计体制改革的模式"，《中国统计》，2001年第9期。

② 国家统计机构比较研究课题组："国家统计机构比较研究"，《统计研究》，2008年第2期。

③ 李金昌、徐蔼婷："重构国家统计系统"，《中国统计》，2004年第10期。

四、关于统计法律制度研究

统计法律制度对统计管理与统计业务进行了规范，国内专家、学者们对统计法及其实施细则的意义、内容、特点、违法责任、统计立法情况、统计执法情况、存在的主要问题及改革思路等方面进行了研究。

统计法及其实施细则的意义、内容与特色研究。1984年，新中国第一部统计法《中华人民共和国统计法》开始实行，1987年颁布统计法实施细则。统计法的颁布和施行是中国统计发展史上的一个具有重要意义的事件，李成瑞①对统计法规范的内容进行了解析，论证了统计法的规范对经济决策、计划管理、经济活动组织、经济监督管理、统计法治工作、科学研究开展、统计认识功能和咨询功能实现等方面的现实意义。陈秉超②对统计法及其实施细则的性质及其作用进行了探讨，论证了统计法及实施细则是代表公众整体利益的、调整统计活动与统计关系的、具有国家强制力和普遍约束的规则体系，认为统计法及其实施细则颁布与实施对统计工作有效开展、统计数据质量和统计作用的实现有重要作用。高晋康③认为，统计法的规范作用主要表现在指引、评价、教育、预测和强制作用四个方面，与其他经济、行政手段相比具有高度权威性、连续性、稳定性、统一性、平等性和高效性。施竟成④研究了统计法规范的任务、范围和主要内容。刘玉琴⑤从七个方面分析了2009年统计法规范的

① 李成瑞："《统计法》是统计活动的规范和准绳"，《统计》，1984年第1期。

② 陈秉超："《统计法》及其《实施细则》的性质和作用"，《统计》，1987年第2期。

③ 高晋康："简论统计法的规范作用及特点"，《统计与决策》，1988年第10期。

④ 施竟成："谈谈统计法"，《中国政法大学学报》，1984年第8期。

⑤ 刘玉琴："理解新《统计法》的7个维度"，《统计研究》，2009年第10期。

主要方面和主要内容。余英[①]分析了中国统计法颁布实际背景，她认为中国统计法具有中国特色：一是强制性立法与提高统计工作认识结合，二是立法的迫切性和执法的可能性结合，三是统计法与相关的法规结合。

统计违法与违法责任研究。黄海[②]、马春生[③]列举了当前统计法规定的统计违法行为的表现。目前统计违法主体承担的法律责任主要有刑事责任和行政责任，他们对中国违反统计法的法律责任与世界主要国家进行了比较分析。寿康侯[④]分析了违反统计法的法律责任的内容，认为统计法律责任规定过于笼统，提出具体建议：第一，统计法应具体规定违法行为及其处理准则；第二，对违反统计法行为追究刑事责任作出详细具体规定；第三，对违反法律的行为惩处力度应加大，与刑法的规定一致；第四，明确规定追究法律责任的主体和违法犯罪案件的管辖权。叶长林、严家英[⑤]探讨了现行统计法中有关法律责任规定的局限性，认为在统计法中增加经济处罚条款具有较强的针对性，通过各地统计工作中的经济处罚经验、国内其他经济和行政立法中的经济处罚经验和国外统计法中规定的经济处罚条款，表明统计违法经济处罚是有效的。王永锋[⑥]认为统计法律责任机制存在行政处分无保证、统计违法构成犯罪的界定与量刑未明确规定、现

① 余英："《中华人民共和国统计法》的特色"，《统计研究》，1984 年第 4 期。

② 黄海："《统计法》普及普传讲话：有关统计方面的法律责任"，《统计》，1984 年第 6 期。

③ 马春生："试论违反统计法的法律责任"，《山西财经学院学报》，1987 年第 12 期。

④ 寿康侯："谈谈违反统计法的法律责任"，《现代法学》，1989 年第 3 期。

⑤ 叶长林、严家英："强化统计执法手段势在必行——谈在《统计法》中增加经济处罚条款的理由和依据"，《中国统计》，1992 年第 3 期。

⑥ 王永锋："修订《统计法》完善统计法律责任机制"，《淮阴师专学报（哲学社会科学版）》，1990 年第 12 期。

行统计法律责任机制与体制改革不适应等实际问题，提出强化统计法律责任机制要采用“比照式”立法、以经济处罚为中心、赋予统计机构独立处罚权。蒋晖[①]分析了统计法中关于罚款对象规范存在的问题，他论证了统计法中罚款对象规定存在相互矛盾之处，统计法中规定对象的责、权不统一、不平等情况，提出应修改《统计法》第二十七条对罚款对象的规定。

统计立法存在的问题及改革研究。黄海[②]对统计立法的目的和重要性进行了分析，剖析了统计立法的“宪法”根据和现实根据，并对中国统计立法四个程序进行了说明。张官娥[③]认为，地方统计立法是中国统计法制建设的一个重要组成部分，提出对地方统计立法的建设要以充分的调查研究为基础、要获得领导的支持，从实际出发，要符合法律规范，注意协调。孟雷[④]认为，在统计法中增加罚款条款未受到社会公众的普遍认可，他从必要性和可行性两方面，对统计法中增加罚款条款进行了论证。王一[⑤]论证了统计立法存在的缺欠，主要表现在：统计法实施细则及浙江省统计工作监督管理条例与统计法存在抵触，统计法本身存在不合理，统计执法缺乏程序法。华民刚、谭荣鑫[⑥]、郑京平[⑦] 论述了

---

① 蒋晖：“《统计法》罚款对象的设定与完善”，《统计与决策》，2005 年第 9 期。

② 黄海：“《统计法》普及宣传讲话：我国统计立法的目的、根据与程序”，《统计》，1984 年第 1 期。

③ 张官娥：“地方统计法应注意的几个问题”，《统计》，1988 年第 5 期。

④ 孟雷：“《统计法》为什么要增加罚款条款？”，《中国统计》，1992 年第 2 期。

⑤ 王一：“统计法律体系必须尽快完善”，《浙江统计》，1999 年第 5 期。

⑥ 华民刚、谭荣鑫：“我国统计法律体系及立法中的几个问题”，《统计与决策》，2002 年第 9 期。

⑦ 郑京平：“中国国家统计体系简介（一）——概况及统计法律体系”，《中国统计》，2002 年第 2 期。

中国统计法律体系的历史、构成、层次和主要内容，他们认为统计立法中对平等权问题、调查行为立法规范问题、统计资料保密问题和统计社会监督问题规范不明确。赵功梁[①]认为针对欠发达地区统计经费不能保障的情况，提出在吸收国外经验、做好统计成本核算、遵循“谁需要、谁统计、谁付费”原则、按规定做好统计财政预算的情况下，在统计法中对统计经费做出法律规定。2009 年《统计法》第二次修订，2010 年 1 月新《统计法》正式实施。宁立成[②]从立法角度对统计法律概念的科学性、准确性，程序正义的制度安排，法律规范的可操作性方面存在的问题进行了分析。

统计执法存在的问题及改革研究。罗志伦[③]论证了统计法在执行过程中存在一些问题，提出从宣传、协商、统计培训和修改完善现行统计法律制度等方面加大力度，提高统计法的执行力。廖旭光[④]介绍了鄂州市华容区贯彻执行统计法的情况，由于领导重视与负责使统计法贯彻执行较好，起到了良好作用，这表现在：进一步核实了统计数据、查处了统计违法案件，发挥了良好的协调作用。蒋新、杨盛辉、湘潭[⑤]论证了由于统计法中行政管理权规范不足，使统计行政管理权不能独立行使、缺乏权威性、缺乏强制力，并提出有效发挥统计法律制度效力的措施：一是深化统计体制改革，二是赋予统计机构完整、强制和权威的统计行政管理权，三是建立完善的社会监督机制，四是国家统计机构对民间统计

① 赵功梁：“《统计法》的遗缺”，《中国统计》，2003 年第 10 期。

② 宁立成：“我国《统计法》的立法学思考”，《统计与决策》，2009 年第 4 期。

③ 罗志伦：“执行《统计法》存在的问题和对策”，《法学杂志》，1995 年第 3 期。

④ 廖旭光：“我们是怎样贯彻执行《统计法》的”，《统计与决策》，1995 年第 5 期。

⑤ 蒋新、杨盛辉、湘潭：“我国《统计法》中行政管理权的不足及其完善”，《统计与决策》，2006 年第 6 期。

与涉外统计具有权威的行政管理权。

统计法律制度国际比较研究。在统计工作开展较好的发达国家中，统计法律制度体系较完善，学者们就中外统计法律制度体系存在的差异展开研究，提出中国统计法律制度应改革的方面。黄应绘①对比了中国统计法律制度体系与法国统计法律制度体系在法律层次、立法机构、规范体系、处罚的规定、执法的规定等方面存在的差异，提出中国统计法律制度体系的改革方向：修订及充实统计法，完善统计法律规范体系，尽快制定程序法、制裁法，强化执法机构、加大执法力度，加强宣传力度、强化统计法制观念。

我国《统计法》中存在的主要问题及改革研究。程言表②、王新、刘景顺③认为，它存在的主要问题有：一是表现过软，行政处罚与经济处罚效果均不好；二是对一些统计失当行为没有处罚规定；三是关于各级政府统计人员的规定未落实；四是统计违法处罚缺乏可操作性；五是政府统计和部门统计地位不平等。他们提出了完善的方向：一是要明确规定基层统计管理体制；二是应明确规定统计机构和统计人员的设置；三是应明确规定统计职责；四是应明确规定统计负责人；五是应明确规定统计法律责任及详细可操作性处罚办法。叶长林④提出完善统计法主要涉及八个方面：一是统计的基本职能和基本任务，二是统计机构与统计人员独立行使职权，三是统计调查方法，四是统计调查活动，五是提高统计人员素质，六是统计工作科学性，七是统计法律责任，八是民间统计活动。1996 年我国《统计法》第一次修订，

① 黄应绘："中国统计法律体系的国际比较及改革"，《统计与决策》，2004 年第 8 期。

② 程言表："关于修改《统计法》的若干意见"，《统计与决策》，1990 年第 10 期。

③ 王新、刘景顺："对修改《统计法》的几点建议"，《统计与决策》，1993 年第 6 期。

④ 叶长林："《统计法》修改的主要方面"，《中国统计》，1995 年第 6 期。

其在内容体系上进一步充实，与现实需要更加贴近，但仍然存在些问题。李金昌[①]认为统计法的修订不彻底、不完整，他提出应建立常设机构进行普查工作、加强对统计相关人员的统计法宣传力度、对领导干部统计违法处罚实行一票否决制。彭熙海[②]说明了统计法修订的主要内容，认为1996年统计法存在四方面不足：一是对商业秘密的保护不够，二是社会监督缺乏可操作性，三是统计数据造假行为的法律责任划分不清，四是对统计违法行为的处罚太轻。2006年我国《统计法实施细则》第一次修订，对统计法实施安排有所调整，但统计法律制度体系还不健全。赵彦云[③]论证了统计法应涉及却没有发挥作用的3个方面：第一，统计法制定应该考虑建设良好的统计氛围和提高全社会统计素质；第二，制定统计法应该考虑政府统计预算规定；第三，应考虑建立统计专家委员会，发挥统计监督作用。杨建如[④]分析了新统计法面临的现实挑战，提出统计法实施中要增强信息透明度、提高执行效力、加大执法检查力度和建立违法曝光制度。王松[⑤][⑥]认为，虽然统计法中加强了统计工作的领导和保障规定、遵循科学性、信息化和独立性原则，指出统计法中对统计数据有误的处理、对检举统计违法现象的奖励、统计调查表的标志和对处分建议的回应等方面均存在不足之处，需要完善。

① 李金昌："新《统计法》需要继续完善"，《浙江统计》，1996年第7期。

② 彭熙海："现行《统计法》的不足及完善"，《统计与决策》，2005年第7期。

③ 赵彦云："统计法还应发力的三方面"，《中国统计》，2006年第1期。

④ 杨建如："新《统计法》实施的思考"，《中国统计》，2010年第1期。

⑤ 王松："统计法的基本原则新论"，《法制与社会》，2010年第8期。

⑥ 王松："《统计法》修订的不足与完善"，《统计研究》，2010年第7期。

第三节 国内外统计制度研究评析

一、国外统计制度研究评析

国外有关统计制度方面的研究大多集中在统计技术、方法、标准等方面，这主要是因为：

第一，发达国家的统计管理体制与国家经济体制适应性效率相对较高。西方发达国家建立市场经济体制已有上百年的历史，市场经济体制相对完善，统计管理体制的形成与完善都与市场经济体制发展相匹配，因而统计管理体制与市场经济体制是相适应的，也是互相促进的，因此，从统计管理体制总体而言是适合的，不适应只是局部、个别方面，因而有关统计管理体制的研究多是零散的、个别的。

第二，发达国家的统计调查核算制度规范提出较早，相对完善。虽然中国的统计调查活动开始很早，并“约定俗成”形成一种制度，但却远非现代意义的调查制度，因而，具有现代意义的统计调查与核算制度并没有出现在中国，而是出现在西方发达国家。西方普查制度的建立到现在已有200多年的历史，核算制度的建立已近百年的历史，统计调查核算制度在历史发展进程中经过不断的发展越来越完善，因而有关统计调查核算制度的研究根据社会经济发展阶段而进行的局部拓展。

第三，发达国家的统计法律制度体系相对健全。西方发达国家不仅市场经济发达，其法律制度体系也相对健全，法治软环境建设较好，而统计法律制度体系作为整个法律制度体系的一部分，也是相对健全的。统计法律制度中不仅规范了统计活动参与者各方的权益和责任，还规范了统计违法行为如何界定、如何惩罚、由谁执行。统计法律制度体系中既有实体法，又有程序法，因而统计法律制度体系是相对健全的。

国外相关研究对中国统计制度改革理论与实践研究均具有可借鉴意义。由于发达国家的统计管理体制、调查制度和法律制度相对健全、完善，因而是中国改革统计制度应借鉴的，对发达国家统计制度发展历程中出现的局部的、个别的问题研究，也为中国统计制度创新理论与实践研究避免进入误区，准备了必不可少的借鉴素材。借鉴不是全盘照搬，因为经过证明制度是不能简单移植的，而是要根据中国国情来取长补短，保证统计制度在中国的适应性。

二、国内统计制度研究评析

国内学者对统计调查制度、统计核算制度、统计管理体制、统计法律制度的研究比较多，对国外统计制度比较、统计调查制度与管理体制存在的问题及原因和统计管理模式等方面进行了较深入的研究。中国统计管理体制在新中国成立后经历了数次改革变迁，这都是在相关研究相对成熟情况下进行的，因而众多丰富的研究成果推动了统计制度改革。但同时存在研究的交叉重复和研究空白，研究成果没有形成一个完整的体系，这表现在：

第一，研究没有形成一致的统计制度体系观。国内学者对统计制度的研究大多是单一方面的，缺乏系统联系的。在研究过程中往往只从一点出发，未考虑各点间的联系，因而没有形成一致的统计制度体系研究成果。

第二，研究存在空白和重复。国内学者对统计制度进行了许多研究，然而目前还存在着研究空白，如关于统计管理、调查核算和法律制度等方面统计制度的研究明显缺乏，对各项统计制度的协调关系的研究存在空白，对统计管理体制的主要问题的研究又存在着大量的重复。

综合分析统计制度相关研究成果后，我们认为有必要对统计制度体系及创新安排做出整体研究，并充分研究统计制度体系的内在关系与外部联系，因而有了相应的后续研究。

第二章

统计制度理论分析

制度是社会经济发展不可或缺的，甚至在一定阶段对经济发展起着决定性作用。统计制度对统计工作的规范，对统计理论的发展，对统计工作正常、有序进行均起着至关重要的作用。本章利用演绎方法对制度一般内涵进行分析，推出统计制度的内涵、功能、产生的基础、变迁的影响因素、成本与收益等进行分析，为中国统计制度创新提供理论依据。本章主要观点有：第一，统计制度是界定统计活动各相关主体的权益、约束统计活动各相关主体行为，降低不确定性带来的交易费用，并保障统计活动各主体权益的一套行为规则和实施保障。第二，统计制度在一定的思想、经济、社会基础上产生，并不断随着思想、经济、社会条件的改变而发展变迁。第三，统计制度的核心功能是激励与约束功能，以经济、社会、政治功能为主要的实现方面。第四，统计制度变迁受多种因素影响，其中对统计制度变迁影响力最大的是经济因素。第五，统计制度的设立与实施是有成本和收益的，表现为个体的和社会的成本与收益，因此统计制度的设立与实施要考虑个体和社会收益与成本配比关系，协调好收益与成本关系。

第一节 统计制度的界定

研究中国统计制度变迁与创新的规律，提出合理的创新性建议，必须首先明确什么是统计制度，因而需要通过深入分析统计制度的内涵、外延，对统计制度做出界定。

一、统计制度的内涵

（一）制度的一般定义和本书的定义

诺思①②认为："制度是一个社会的游戏规则，更规范地说，它们是为决定人们的相互关系而人为设定的一些制约。制度包括人类用来决策人们相互关系的任何形式的制约，有非正规约束和正规约束，非正规约束如习俗、禁忌、习惯、传统和行为准则等，正规约束如宪法、法令、产权等。"

---

① （美）道格拉斯·C. 诺思：《制度、制度变迁与经济绩效》，上海三联书店 1994 版，第 3—4 页。

② 百科知识库："制度问题之我见"，http：//www. zsku. net/guangli/sort0428/6083520282186. html。

柯武刚、史漫飞①认为："制度是人类相互交往的规则，它抑制着可能出现的、机会主义的和乖僻的个人行为，使人们的行为更可预见并由此促进着劳动分工和财富创造。制度要有效能，总是隐含着某种对违规的惩罚。"

青木昌彦②认为："制度是关于博弈如何进行的共有信念的一个自我维系系统。制度的本质是对均衡博弈路径显著和固定特征的一种浓缩性表征，该表征被相关领域几乎所有参与人所感知，认为是与他们策略决策相关的。这样，制度就以一种自我实施的方式制约着参与人的策略互动，并反过来又被他们在连续变化的环境下实际决策不断再生产出来。"

《辞源》把制度概括为"成法约制"，认为制度的含义是"节以制度不伤财，不害民。"

《辞海》把制度概括为成员共同遵守的、按一定程序办事的规程，认为制度是集体行动控制个体行动。

《现代汉语词典》把制度概括为大家共同遵守办事规则或行动准则，是一定条件下的政治、经济等方面的形成的体系。

作者认为，制度可定义为：界定各参与主体的权益、约束各参与主体行为，降低不确定性带来的交易费用，并保障各参与主体权益的一系列行为规则和规则实施的一系列保障。

（二）统计制度的一般定义

科技中国统计百科③将统计制度定义为统计工作的技术

① （德）柯武刚、史漫飞：《制度经济学》，商务印书馆2000年版，第34—36页。

② （日）青木昌彦：《比较制度分析》，上海远东出版社2001年版，第27—28页。

③ 科技中国："统计制度"，http：//www. techcn. com. cn/index. php? category – view – 1328。

规范。人们接触最多的统计制度是统计报表制度，它是在以原始记录或核算资料为基础，按一定的表格形式和时间顺序，自下而上搜集统计资料过程中，为保证所搜集资料的统一性和时效性，由国家统计部门或国务院各业务部门统一制发，要求各级统计人员在组织统计调查中必须遵循的统一规定。

MBA① 智库百科认为，统计制度是规范统计活动和统计资料的一整套法律、法规、办法、措施和管理模式等。并认为，统计制度主要类型有统计管理体制、统计调查制度和统计法制。

（三）统计制度的内涵

作者认为，统计制度作为一类制度，应具有制度的一般属性和特殊属性，因此，统计制度的内涵应包含以下内容：

第一，统计制度规范的是统计活动参与者的关系，规范了统计活动参与者的权利和义务。统计制度规范统计活动参与者什么可以做，什么不可以做，从人的动机及行为做出公理性规定，即同样的行为遵守同样的章程、合乎一致的规范，在连续变化的环境下，统计制度又以自我演进和人为设计的方式不断被创新。

第二，统计制度属于无形“准公共品”，是具有非排他性、非竞争性、不可逃避性、不可排除性。统计制度作为一组行为规则，不是专门为某个人设计制定的，而是为所有的统计活动参与者设计的，是规范统计活动参与者的共同规则，任何统计活动参与者都有权利，且权利与责任配比关系一致。统计制度一旦确定，统计活动参与者必须消费它，不

① MBA 智库百科：“统计制度”，http：//wiki. mbalib. com/wiki/% E7% BB% 9F% E8% AE% A1% E5% 88% B6% E5% BA% A6。

可回避。统计制度确定后，应不存在区域的差别对待。

第三，统计制度是统计活动参与者集体理性的体现，是统计活动参与者集体建立在共同的社会经济利益基础之上的共同理性，阿马蒂亚·森等已证明个人理性可达到集体理性。统计制度变迁也反映了集体选择的逻辑过程，集体行动最终主导了个人行动，促成统计制度的形成与变迁。

第四，统计制度带有习惯性，随着人类行为习惯的普遍改变而变迁。与其他社会制度一样，各种统计制度是在历史发展过程中不断产生并积累下来，最初可能是一部分人发现某一统计活动规则有利可图或存在潜在的较大利益，因而统计制度被创造出来，并逐渐被更多的人所接受，成为一种习惯、惯例，形成共同遵守的制度。

二、统计制度的外延

统计制度是基于人类基本价值观，建立在个体的利己主义、有限理性、不完全信息基本假设之上的行为规则与实施体系。统计制度的创立带有创立者的利益倾向和知识信息不完全产生的制度不完善之处，会随着创立者或创立者集团知识信息的累积不断修改完善，统计制度的外延将不断扩展。

统计制度对统计活动参与主体具有激励导向，统计制度的激励程度由统计制度内含的收益报酬比例和人们努力的供给的一致性所决定。如果一项统计制度安排能激励统计活动主体将有限的财力、物力和人力有效地配置于各项统计活动中，就能促进统计活动的开展，推动社会经济的进步。反之，则会妨碍统计活动的开展，阻碍社会经济的进步。

统计制度由社会经济发展水平决定，理想化的统计制度并不一定是现实可行的，统计制度发挥作用的前提是符合经济基础要求，符合生产力发展的要求，符合制度环境的要求。

统计制度的发展与变迁受到供求关系的影响，统计制度的数量与效果会随时变动，处于动态调整过程中，非均衡状态是统计制度供求关系的常态。

统计活动结果具有不确定性，因而统计制度决定了统计资源的配置效率，决定了集体决策比个体决策更有效率①。

统计制度是一系列客观法则，是有效进行统计活动不可或缺的因素。不同的统计制度会对统计工作效率产生不同的影响。良好的、具有适应性的统计制度会提高统计工作效率，相反，劣等的、不符合客观现实需要的统计制度会降低统计工作效率。

统计制度的贯彻执行，是统计制度生命力的体现。如果应当如何只表现在文件上，而没有影响统计活动参与者的行为，那么此时的统计制度不过是空中楼阁，是虚设的，没有实质意义。

三、统计制度的界定

根据统计制度内涵与外延的分析，本书认为：统计制度是界定统计活动各相关主体的权益、约束统计活动各相关主体行为，降低不确定性带来的交易费用，并保障统计活动各主体权益的一套行为规则和实施保障。

统计活动各主体通过各项统计制度规定明确了什么样的行为可行，什么样的行为不可行，应采取什么样的行为实现更为经济的合理预期。统计制度将影响统计活动各博弈方的行为和统计工作绩效，合理的统计制度及制度安排是高效地进行统计活动的内在决定因素。

---

① 吉云："奈特不确定性的经济分析"，《制度经济学研究》，2008 年第 6 期。

在特定条件下，符合社会经济发展阶段要求的统计制度结构有利于提高统计活动的效率，反之则相反。理论上存在动态最优的统计制度结构，因为制度会促进或阻碍技术向现实生产力转化，所以统计制度不仅规范统计行为，同时也会促进或阻碍统计技术、方法的创新及应用。

统计制度的划分：从约束的对象来看，主要包括统计组织制度和统计业务制度。统计组织制度包括统计组织机构的安排、统计组织权力的配置、统计管理方式等；从强制力大小来看，包括强制力最大的统计法律制度、具有较大强制力的统计规章制度、具有一般强制力的统计行为规范条例等正式统计制度和具有较弱强制力的道德、习俗约束等非正式统计制度。正式统计制度安排与非正式统计制度之间应具有和谐互补关系。从统计制度的重要程度来看，包括根本性统计制度、重大性统计制度和辅助性统计制度，根本性统计制度和重大性统计制度具有较强的稳定性，辅助性统计制度具有相对的易变性，三个层次统计制度安排的构成情况影响了统计制度的效率。

本书打破各种分类界限，主要分析统计制度的三个重要内容，即统计管理体制、调查核算制度和统计法律制度。统计管理体制是统计组织制度，指国家统计管理的组织结构和组成方式，即采用怎样的组织形式以及如何将这些组织形式结合成为一个合理的有机系统，并以怎样的手段、方法来实现管理的任务和目的。统计调查核算制度是统计业务制度，指国家管理和组织统计调查核算的一系列行为规则和规则实施的一系列保障。统计法律制度是统计部门进行统计工作管理、规范统计活动中统计行为的法律规范的总和，规定了统计部门与其他组织、公民在统计活动、统计管理中所形成的社会关系。

第二节 统计制度产生的基础

统计制度是进行统计活动、实现统计职能的规范及实施体系，它是在不断丰富的统计思想基础上，当经济和社会发展到一定程度时产生的。

一、统计制度产生的思想基础

人们生活在现实环境下，每个个体为改变生活状态、提高生活质量不懈的努力，其思想受到现实条件的约束，人们的思想又会不断地超越现实并转化为现实条件，所以人类思想始终在发展。每一种制度的产生与发展都有其思想基础，统计制度作为人类社会制度的一个部分，它的产生与发展受到统计思想基础的深刻影响，主要体现在中国统计思想的自我发展及对西方统计思想吸收的过程中。

中国统计思想萌芽于几千年前，蕴含着分组法、平均数法、相对数法、图表法和平衡法等丰富的统计方法思想。如夏代《禹贡》按土质的优劣将九州的田地、赋税进行了复合统计分组，相当于17至18世纪的德国国势学派中的格廷根学派的统计学理论思想；再如在西周时期，中国就开始为人口调查确立了一些统计调查制度。在世界范围内比较，在明朝末年以前，中国统计思想的发展始终排在世界各国的前列，各项统计制度安排也相对早于世界各国。然而，经过几千年的发展，国内丰富的统计思想积累始终没有实现系统性的理论突破。明朝末年以后，中国统计思想的发展落后于西方统计思想的发展，现代统计思想的意识形态仍在萌芽阶段，在这一时期，中国各项统计制度几乎没有发展创新。中日甲午战争后，中国开始从日本学习德国旧社会统计学派的统计理论。

1911 年至 1949 年中华民国时期，在数理统计学派的统计学理论被引入后，统计思想有了一定的发展：一是通过引进西方数理统计一系列著作，较系统地传播了西方数理统计理论及其相关统计思想；二是成立了中国统计学社，注重统计理论与实践研究，在理论与实践结合过程中推动了统计思想的发展。统计组织制度与业务制度安排虽然有所增加，却是零散的，未形成体系。

新中国成立后，中国统计思想的发展方向大致经历了四个时期：

新中国成立初，全面引进苏联经验。在统计方面，全面引进苏联的社会经济统计理论，并逐渐形成社会经济统计思想体系，此阶段统计制度是为计划经济体制服务的。

20 世纪 70 年代后期，中国实行改革开放，统计上把数理统计学并入统计学的范畴。1978 年全国统计教学和科研规划会议上，与会者达成共识：即多个科学领域内的统计学应当共存，各学派、各学科应该百花齐放、共同繁荣，社会经济统计思想和数理统计思想均被强化，此阶段统计制度不断被创新，如统计管理体制向集中与分散结合转变，建立了全面统计报表制度。

20 世纪 80 年代，社会经济统计和数理统计思想均得到恢复和发展，如在统计核算体系、抽样调查方法、统计预测与决策方法等方面引进了西方统计研究新成果，丰富了统计思想，此时期，统计制度的发展与创新主要表现为统计法律制度的完整创建。

20 世纪 90 年代以后，社会经济统计学和数理统计学的发展引发统计学者关于谁是统计学的探讨，“大统计”思想形成，也就是社会经济统计学和数理统计学优势互补、共同发展，统计思想理论更为贴近现实，更加丰富，此时关于统计制度的相关研究增多，统计制度设计考虑的因素更全面，统计调查制度、统计核算制度、统计法律制度均存在革新。

二、统计制度产生的经济条件

生产力决定生产关系，而经济基础是与生产力发展阶段相适应的占统治地位的生产关系总和。经济基础决定上层建筑，而上层建筑是建立在一定经济基础之上的意识形态以及相应制度和设施。[①] 所以，统计制度的产生与发展必然由生产力发展水平和经济基础所决定，同时统计制度的发展也由基本经济制度的发展所决定。

（一）统计制度产生与变革过程中的生产力发展

生产工具是生产力发展的显著标志，通过各历史发展阶段生产工具变革的考察及统计制度的产生与发展历程的分析，我们能发现，统计制度的产生与发展取决于社会生产力的发展，表现在生产工具改进的飞跃带来统计制度变迁与改进，生产工具革新的滞后常伴随统计制度改革与发展的落后。

由于劳动工具改进，社会剩余产品产生，这是人类社会发展的一个进步，给统计的产生提供了条件。中国统计活动萌芽于原始社会末期，以“结绳记事”、“书契记数”为统

① 吉林省《马克思主义原理教程》编写组：《马克思主义原理教程》，吉林教育出版社 1994 年版。

计计量方法。此时，由旧石器时代向新石器时代、金石并用时代过渡，生产工具有了改进，生产力有了一定提高，产生了部分剩余产品，私有制开始出现。

生产工具的进一步改进提高了社会产品总量和社会生产率，增加了产品的种类，使得人们有机会、有需求从事物质生产以外的社会统计活动。在奴隶制社会发展及瓦解的历史进程中，各类统计制度初步形成并逐渐改进。夏朝时期，由于奴隶主统治的需要，开始进行人口与土地统计调查活动，形成《禹贡》等国势调查资料。商朝时期，由于奴隶制社会的进一步发展，国家组织机构比夏朝更加完整，处于附属地位的统计组织开始建立，国家统计开始萌芽，在人口与土地统计的基础上，进行了军事统计、田猎统计等统计活动，但还没有形成持续系统的统计制度。在西周时期分工协作的分散的统计组织逐渐形成，此时有关人口调查、赋税调查等统计制度产生，统计活动明显增多。春秋战国时期统计活动处于一个繁荣发展时期，在各国之间争伐不断的情况下，出现了百家争鸣的思想繁荣时期，统计也是争鸣的一个方面，此时《法经》中关于统计活动的规范及“书社制度”、“上计制度”、人口与田地调查等统计制度及统计分析方法的发展，为各国准确获取统计信息打下了良好基础。历史研究表明，在统计制度及方法技术更新改进的过程中，生产工具显著改进。夏朝的生产工具以木耒、石刀、蚌镰为主，西周晚期开始使用铁器。春秋战国时期，铁农具和牛耕开始使用并得到推广，这是生产力显著提高的标志。

生产工具与技术的先进性决定了统计制度与统计技术的先进性。封建中央集权国家建立及发展过程中，统计方法制度与社会生产技术均发生了较大的变革。秦汉时期，中央统计组织与地方统计组织统计分工的明确规定、律法中关于统计法规的详细规范、“上计制度”中综合统计系统与业务统计系统的发展推动了政府统计工作的开展，此时统计制度与技术的发展与社会生产发展密切相关，生产工具发生了较大变化，出现了两牛抬杠式和一牛挽犁式，发明了翻土、碎土的犁壁和播种机械耧车。与世界上其他国家比较，当时，中国的社会生产力与统计制度发展都处于领先水平。

生产工具改进停滞的同时统计制度与技术发展也基本停滞。三国两晋南北朝时期，统计制度基本沿袭了秦汉时期的模式，少有发展，同时，由于连年战乱，社会经济发展缓慢，生产工具也无明显改进。

社会生产发展的繁荣期同时也是统计方法与制度发展的繁荣期。隋朝统计在秦汉及三国两晋南北朝时期基础上有所发展，到了唐朝统计技术与统计制度全面发展，统计范围更加广泛，涉及到人口统计、土地统计、仓储统计和税赋统计等各个领域统计，五代由于战乱统计发展又停滞不前。在统计发展相对较好的唐朝时期，社会经济发展处于一个繁荣时期，生产工具及生产技术更为先进，此时发明了灌溉工具筒车和曲辕犁。

生产工具与技术的内部不均衡情况与统计方法技术与制度的不均衡状况相一致。宋元明清时期处于民族融合期，统计制度及方法发展不平衡。北宋统计在唐朝统计技术与统计制度的基础上进一步发展，辽金统计及南宋统计则基本缺少改革、发展迟缓。元朝统计技术与方法又有所发展，交通统计制度与仓储统计制度得到较好发展。明朝经历了初期统计组织沿习旧制到后期统计组织管理机构变更的发展阶段，在《大明律》中载有户籍统计、田地统计、赋税统计和账簿登记等统计条款，政府统计制度内容更加丰富。当时“户帖制度”被认为是世界上最早进行的全面人口普查。《九章算术》等方法在统计中的应用，在一定程度上使统计质量得到提高，统计报告制度比前朝更加成熟和完善。清末引入西方统计思想，但统计制度基本沿袭前朝制度，虽然在光绪时期为筹备立宪而成立了中国第一个中央统计局，并颁布实行《清查户口条例》，但却没有发挥明显的作用。

民族融合期生产技术与生产工具的发展同样是不均衡的。北宋建国后，改进生产工具，使用牛耕，发展水利灌溉，农业生产效率提高，同时冶金工业及手工业生产分工更细、效率更高。辽金及南宋生产技术则没有明显的改进。元朝时期，在生产工具上进行了许多创新，如增加耧车的施肥功能、创造耧锄和耘荡用于畜力耕地锄草，劳动强度降低，生产效率提高。明朝在元朝农业生产技术的基础上，发展了水利，发明并制造了风力水车。清朝时期生产工具与生产技术无明显变化。

中华民国时期，北洋政府统计依据清制。国民政府推行西方统计组织模式，建立统计机构统计局，其主管机构主计处，具有监督管理的超然地位，国民政府颁布《统计法》及《统计法实施细则》，统计工作中运用西方统计理论与方法，进行了人口统计、农业统计、工业统计、商业统计、物价调查与统计、交通运输统计、教育卫生及社会统计、司法统计和地质调查统计等统计活动，收集了许多数据资料，但由于政府统计组织机构各行其政，造成统计数据不统一、不准确，统计制度仍然是零散不成体系的。此时国家处于半殖民地半封建社会时期，自给自足的自然经济被打破，农业经济日益萎缩、农业生产技术发展停滞，民族工业发展微弱，生产工具创新不足，其生产方式也没有发展为社会经济发展的主要形式。

新中国成立后，统计制度变迁轨迹与社会生产力的发展关系密切。新中国建立初期，在新民民主主义解放区发展生产的基础上，国民社会经济生产逐步恢复，统计工作及统计制度建立与发展在调查研究的基础上也逐步走入正轨。改革开放以来，社会生产力水平迅速提高，农业生产工具机械化程度不断提高，二三产业产出科技含量增加，此时统计制度发生了显著变化。

（二）统计制度产生与发展过程中的经济基础和经济制度

经济基础中最重要的内容就是所有制。所有制①是生产关系，是在不同社会形态下、社会生产过程中形成的，人与人对物质资料的占有关系，一般是指对生产资料的占有关系。在人类社会的不同发展阶段，生产关系均要与社会生产力水平相适应，生产关系不同，所有制性质不同。不同生产资料所有制决定了人们在生产中处于不同的地位、享有不同的分配权利、存在不同的交换关系，同时也决定了社会存在的性质及社会政治法律制度，因而是人类社会生产的前提。统计制度是经济基础的一个方面，它的产生与发展由最重要经济基础——所有制决定，这一点我们可以通过观察统计制度产生发展历程中所有制形式改变来分析。在不同所有制形式下，又存在着决定统计制度的基本经济制度。

私有制对原始公有制的替代，决定了统计技术与制度产生的可能性。原始社会末期是统计萌芽时期，这一时期生产资料由氏族成员共同占有向部分生产资料由氏族首领私人占有形式转变，但由于当时生产力水平极其低下，生产资料私人占有有限。

所有制的深入发展，决定了统计技术与制度发展的空间和速度。奴隶社会末期是统计技术与统计制度发展的一个繁荣期，生产资料的私人占有制已确立，社会分工出现，产品交换出现并初具规模。当时，最重要的生产资料是土地。西

① 百度百科："所有制"，http：//baike.baidu.com/view/641819.htm。

周实行土地国有制，周王分赐给诸侯臣土地，各诸侯臣只有使用权，无处置权，定期向周王纳贡，井田制是当时分封制的经济基础；春秋时期，井田制被封建土地私有制代替，中国统计技术与统计制度的发展速度较快。事实上可以认为：从战国时期开始，中国经济已经是一个市场经济。[①] 由此，我们认为统计制度的发展受市场经济的影响较大。

所有制发展的差距，决定了统计制度与技术发展的差距。封建社会时期，统计组织及统计法规制度基本确立，为封建社会集权统治者服务，当时以封建的自然经济为主。由于封建社会统治者历来实行"重农抑商"政策，商品经济发展迟缓，与此同时西方文艺复兴运动使资产阶级走上政治舞台，资本主义私人占有制形式占主体地位，资本主义市场经济制度确立，中西方统计技术及统计制度的发展差距拉开。

所有制发展的飞跃，决定了统计制度与技术发展的飞跃。社会主义时期，统计制度依据社会经济发展及基本经济制度的变革而进行较大变迁。新中国成立初期至改革开放前，中国实行生产资料公有制形式，土地以合作社、人民公社的组合方式共同使用、收益平均分配，生产资料国有化率很高，此时，统计制度直接引入苏联模式，统计产品单一，统计制度无独立性；改革开放后，社会主义市场经济确立，生产资料所有制形式发生变革，生产使用权与所有权分离，统计制度不断创新以适应市场经济需要，市场经济统计制度体系初步建立，但受技术、制度供给等因素约束，还需要突破。

---

① 赵冈、陈钟毅：《中国经济制度史论》，新星出版社2006年版，第3页。

三、统计制度产生的社会条件

统计及统计制度是在社会发展到一定阶段才产生的。社会是人类建立在一定的文化模式上，在不断从事生产活动，不断创造自身生存与发展条件的过程中，形成的相互联系、相互合作的群体。因此，社会发展不同阶段的特征都体现着人的发展、社会生产条件的改变、人与人物的关系的改变等多个方面。

人口数量与质量影响着统计制度的产生与发展。在中国古代，社会经济发展的每一次历史飞跃都伴随着人口总量的激增和高速增长，最早产生的统计制度就是人口统计调查制度及与人类生存密切相关的土地调查制度，当时，人口总量增长对经济发展产生积极影响。在现代，人口仍是影响经济发展的重要因素，但人口总量增长对经济发展产生了许多负面效应，人口不仅在量上统计，更要在结构上、质量上进行统计，因而要求人口统计制度更加具有针对性，满足各方的人口统计需要。

社会生产条件的改变为统计制度产生与发展创造了条件，尤其是社会化大生产为现代统计制度的产生创造了物质条件。首先，由于社会化大生产，自给自足的自然经济基础被打破，社会生产方式发生了巨大的改变，劳动者的生活方式也发生了显著改变，劳动者的生活来源由单一的农业劳动收入转变为多种劳动收入，社会化大生产为宏观管理统计制度与各行业统计制度的产生与发展提供了现实物质条件和人力资源。其次，由于社会化大生产，生产组织化、规模化，产业结构发生了变化，社会劳动者的劳动技能提高，劳动产品的技术含量千差万别，产品统计应需要而产生，社会化大生产为统计及统计制度应用提供了良好的技术条件。最后，在改变生产、生活方式的同时，社会化大生产需要各生产行业之间保持一定的比例，市场调节产品供需，利用统计职能分析行业比例关系的数量规律及市场供需平衡规律，所以社会化大生产又为统计制度咨询职能的实现提供了现实保障。

社会发展进程中，人与人的关系不断发展变化，由此带来统计活动参与者之间的关系不断发展变化，不断提供创新条件，形成统计制度创新需求，促使统计制度一轮轮创新产生。

第三节 统计制度的功能

关于制度功能探讨最早出现于新制度经济学创始人罗纳德·哈里·科斯（R. H. Coase）① 关于交易费用的探讨，得出制度的一个功能就是降低交易费用。威廉姆森（Oliver Williamson）② 分析了制度是如何降低交易费用的，从有限理性、机会主义、交易的不确定性等方面做了深入分析；德姆塞茨（H. Demsetz）③ 和诺思（North Douglass C）④ 都认为制度对外部性内在化具有激励作用；舒尔茨⑤则认为制度

① R. H. Coase: "The Nature of the Firm", *Economica*, 1937 (16), pp. 386 - 405.

② Oliver Williamson: *The Economic Institutions of Capitalism*, Free Press1985, pp. 43 - 85.

③ H. Demsetz: "Toward a Theory of Property Rights", *American Economic Review*, 1967 (57), pp. 347 - 359.

④ North Douglass C, Robert Paul Thomas: *The Rise of Western World: A new Economic History*, Cambridge University Press1973, pp. 1 - 8.

⑤ Schultz, Theodore W: "Institutions and the Rising Economic Value of Man", *American Journal of Agricultural Economics*, 1968 (5), pp. 1113 - 1122.

有提供便利、降低交易费用、提供信息、共担风险和提供公共品的五种基本功能；中国经济学家林毅夫[①]认为制度具有安全功能和经济功能。

从各国经济学家关于制度功能的论述中可以看出，制度的功能很多，但仔细研究我们可以发现，各项制度功能并不是处于同一层次的，有处于核心地位的功能，也有具体的功能，有独立存在的功能，也有衍生的功能。我们认为，制度最核心的功能是为市场经济中的经济人提供激励与约束，而这一功能的发挥是通过一些具体的方面实现的。[②]

任何制度都有为达到总体目标而确定的主要功能及特殊功能，统计制度也不例外。统计制度作为一系列约束统计活动参与方行为的规则体系及实施保障机制，也同样具有核心功能和核心功能实现的各方面具体功能。统计制度的核心功能（见图2－1）是为市场经济中的各统计活动参与方提供激励与约束，这一核心功能在一定的社会经济条件下，通过统计制度的经济功能、社会功能、政治功能和其他具体功能来实现。

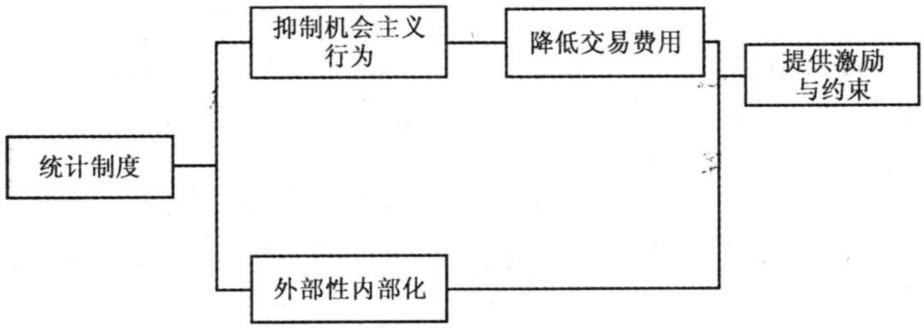

图2－1 统计制度核心功能图

① Lin Yifu: "An Economic Theory of Institutional Change: Induced and Imposed Change", *Cato Journal*, 1989 (9), pp. 1－33.

② 瞿喜宝、袁庆明："制度的功能问题研究"，《云梦学刊》，2006年第7期。

一、统计制度的经济功能

传统西方主流经济学把经济活动中的制度因素当做既定不变的因素对待，因而在经济分析中从不考虑制度因素对人们的行为和经济活动的影响，主要通过各种物质和技术要素的变化来研究经济发展和经济增长。大多数经济增长模型隐含着经济制度是给定的假定，然而，制度对经济增长的影响是明显的。制度与技术相比，更能决定生产的效率，因为制度具有技术所没有的对经济主体的激励与约束作用。所以，在新制度经济学家看来：资本积累、技术进步等因素与其说是经济增长的原因，倒不如说是经济增长的本身，经济增长的根本原因是制度的创新，有效的制度及制度体系是促进经济增长的决定性因素。因而，作者认为，制度功能的实现应以经济功能的实现为第一位，经济功能也是统计制度的第一功能。统计制度的经济功能体现在：

（一）统计制度决定统计信息对经济决策支持程度

当前政府统计工作的基本任务有：做好国民经济和社会发展情况统计调查、统计分析工作；做好统计资料供给，提出统计咨询意见；对国民经济和社会发展的运行状况实行统计监督。统计信息职能有效发挥的根本动力是统计制度对经济发展的适应性。这是因为：第一，统计制度规定了统计信息采集、调整及应用的方法和时间、范围等方面；第二，统计制度规定了统计信息处理过程中各统计活动参与方的权限；第三，统计制度规定了统计信息的发布方式、内容和时间等。来自于客观现实的统计信息，能够在多大程度上被决策者确知并有效应用，主要取决于统计制度安排，所以，在有效的统计制度下，统计信息得到充分利用下，决策者能够通过统计数据资料分析反映出经济发展状态、发展规律及未来发展态势。综合来说，统计工作为各类经济决策提供信息，深刻影响各类经济决策的正确性与可靠性而统计信息的质量受到统计制度的决定性影响。

（二）统计制度推动经济增长

统计制度改革推动经济增长，而且统计制度改革本身就体现了经济增长。第一，减少统计活动的机会主义行为和不确定性，实现统计制度的约束功能。从经济学的成本与收益角度来看，统计制度通过提供一系列规则及实施保障界定了统计活动参与方的行为选择空间，规定了统计活动参与方的权利和义务，约束了参与方之间的相互关系，从而减少了统计活动中的不确定性和交易费用，使制度经济收益远大于制度经济成本，有助于经济良性发展，推动经济增长。第二，将统计活动外部性内在化，实现统计制度的激励功能。通过设立统计制度体系来规范或协调统计活动参与者之间的经济权利关系，使负外部性后果由制造者来承担，正外部性的经济利益由其创造者获取，形成有效的激励机制，以推动经济增长。

（三）促进经济结构调整

影响经济结构的因素众多，最重要的因素之一是制度，这主要因为制度决定了技术的有效应用与创新可能，决定了社会最终产品的需求能力与需求结构。统计制度通过对统计方法与技术、统计活动各参与主体的行为进行规范，影响统计信息产出的数量和质量。有效统计制度的设计及实施有助于实现统计生产的产出最大化，从而更有助于经济活动单位把握经济结构发展演进的统计规律及统计特征，有助于发现经济结构优化的理论趋势，促进经济结构调整。

二、统计制度的社会功能

统计制度的社会功能主要指统计制度对社会发展的促进作用。社会生产力发展水平制约着统计制度的发展，统计制度也会在一定程度上阻碍或促进社会生产力的发展，在明确统计制度的社会功能基础上，合理利用统计规律，能够对社会发展起到积极作用。

（一）统计制度具有社会认识功能

统计制度把社会公众对统计活动和统计行为规则的认识统一到社会制度上来，要求统计活动参与者按照统计制度开展统计活动，认识和观察事物，分析和解释现象，解决和处理问题。同时社会公众对统计技术方法的认识和理解水平也会随着统计制度的完善进一步提高，社会认识手段也会增加。合理的统计制度会促进统计技术方法创新，促进社会认识手段创新，促进个体对社会认识的加深。

（二）统计制度管理和服务社会的功能

随着社会认识的提高，通过规范统计行为主体，形成统计制度管理体系，实现统计活动的有效管理和公共服务功能，并通过提供社会公共信息间接地实现对社会的管理与服务，如在促进公平分配方面，通过对社会不同群体的劳动能力与负担、劳动收入与富裕程度等方面的统计认识，有助于调整社会分配结构，促进社会再分配的公平性。

（三）统计制度社会激励功能

统计制度的激励功能不仅体现在经济方面，还体现在社会发展方面。公平合理的统计制度使统计参与者的认识潜力得到充分发掘，统计活动参与者在认识社会时发挥出最优的状态，实现个体的发展优化及社会发展结构的优化。不公平的统计制度会使统计参与者的才智受到抑制、个体的发展受限，造成社会发展结构的不平衡。

三、统计制度的政治功能

任何制度的产生都会天然地带有其政治功能，为政治发展服务，统计制度也具有其政治功能，主要表现为统计秩序稳定功能、增进统计共识功能和政治发展功能。

（一）统计秩序稳定功能

统计制度作为统计活动参与者相互交往的规则与行为规范，能够约束各利益方在统计活动开展时可能出现的随意性和投机性行为。也就是说，统计制度规则的设定会对统计活动参与者的心理预期产生影响，进而影响参与者的统计行为。总的来说，统计制度在促进经济发展的同时，促使统计活动参与主体有序开展统计工作，能够促进有序统计秩序的形成，进而也会间接影响其他社会行为秩序。

（二）增进统计共识功能

统计制度作为统计活动参与方进行博弈的一系列规则，是统计活动各主体之间的集体理性安排的体现，是为实现统计活动各方整体利益最大化目标服务的。在认定统计活动参与者存在不同偏好的条件下，在统计博弈规则即统计制度明确的情况下，统计活动参与者经过多方博弈可以达成一定程度的统计活动共识。

（三）政治发展功能

统计制度在秩序稳定方面发挥作用的同时，还能够保障统计活动参与者的各方权益，推动统计活动参与者有效地行使民主权利，统计活动参与者在统计制度设计与实施过程中充分利用民主决策、民主管理和民主监督权利。

四、统计制度的其他功能

除上述具体功能外，统计制度还有许多具体功能，如统计资源配置、统计信息传递、统计文化传递等功能。

（一）统计资源配置功能

统计资源配置，即将有限的统计资源按一定的比例关系配置，使有限的统计资源利用效率最大化。任何统计制度下都存在资源配置问题，在不同的统计制度下，资源配置结构与效率存在着天壤之别。在特定统计制度下，存在统计资源的最优配置，即各种统计资源按合理的比例组合，做到人尽其才、财尽其利、物尽其用、地尽其力，没有闲置和浪费，达到了统计资源配制的最大效率。

（二）统计信息传递功能

统计制度与任何其他制度一样具有信息传递功能，而且是其一项基本功能。合理的统计制度必须能够保证统计信息在系统内传递的真实、准确、及时、完整。衡量统计制度的信息传递能力，可根据统计信息传递的质量、速度、范围、数量、方式和方法做出判断。

（三）统计文化传递功能

统计制度是文化传递的工具之一，非正式统计制度源自于文化传承，来源于解决统计活动主体之间简单利益关系的协调，并不断推动正式统计制度的变迁。统计活动参与者的文化内涵普遍存在于统计制度的设计、实施与变迁中，并通过统计制度历史的传承与变迁保留下来，统计制度传递过程中文化被继承、被创新，并累积下来。

第四节 统计制度成本与收益

统计制度与其他制度一样，是为了适应统计社会经济活动的需要而创立起来的，并能在为统计活动参与主体带来统计制度效应及制度收益的过程中发展创新。与任何制度一样，每一项或每一系列统计制度的设计及组织实施又必然存在一定的成本费用。在统计制度设计及组织实施过程中，如果总成本与总收益是协调配比的，那么就能较好地实现该统计制度的预期目标，反之则很难达到预期目标。

一、统计制度的成本

制度成本主要包括制度变革过程中的界定、设计、组织成本和制度运行过程中的组织、维持、实施等费用。[①] 统计

① 袁庆明：《新制度经济学》，中国发展出版社2004年版，第261页。

制度成本是统计制度变革过程中及制度运行过程中所发生的制度设计与实施等费用。统计活动参与者在追求效用最大化过程中，一切对他们产生负效用的因素都要在成本中体现，也就是为获取制度收益而付出的代价。从不同角度考虑，将统计制度的设计、实施和维护成本归结为个体成本和社会成本。

（一）个体成本

这是从统计活动参与的个体单元来看的，一项或一系列统计制度的设计并实施可能会为参与个体带来近期或远期货币或非货币收入减少、个人社会地位下降等风险，而这些风险事实上就是统计活动参与者的个体成本。

（二）社会成本

这是从统计活动参与的整体来考察的，一项或一系列统计制度的设计并实施后，可能由于统计制度的缺陷对整体统计活动效率产生负面影响，产生制度实施成本，还可能由于个体间关系的调整产生利益冲突，产生制度磨擦成本，这些都是统计活动参与者整体的社会成本。

二、统计制度的收益

制度收益指制度通过降低交易成本、减少外部性和不确定性等给经济人提供的激励与约束的程度。[①] 统计制度的收益是统计制度在实施过程中对抑制统计活动参与者机会主义行为、使统计行为外部性内在化，为统计活动参与主体提供激励与约束的程度。我们将分别考虑统计制度实施后的个体

---

① 袁庆明：《新制度经济学》，中国发展出版社 2004 年版，第 261 页。

收益和社会收益。

（一）个体收益

从统计活动参与的个体单元来看，一项或一系列统计制度的设计并实施可能会为参与个体带来近期或远期货币或非货币收入增加、个人社会地位稳固和提升等收益。

（二）社会收益

从统计活动参与的整体来考察，一项或一系列统计制度的设计并实施后，可能会为统计活动参与者整体带来收入的增加和收入的公平分配，进而带来全社会国民收入的增加，对分配的公平产生良好影响。

三、统计制度成本与收益协调

在统计制度的设计及组织实施过程中，如果成本与收益是协调的，那么统计制度功能就能较好地实现。如何才能使统计制度成本与收益协调呢？作者认为，应注意以下几个方面：

第一，统计制度个体成本与收益协调。统计制度的设立与实施应保证大多数统计活动参与者的个人收益大于个人成本，否则统计制度的实施会受到大多数人的抵触，个体间在统计活动中会产生更多的冲突。

第二，统计制度社会成本与收益协调。统计制度的设立与实施应保证社会净收益大于零，能够提高社会经济发展整体水平和效率，否则会带来统计制度无效率，阻碍统计的发展，也阻碍社会经济的发展。

第三，统计制度社会净收益最大化是统计制度成本与收益协调的最佳状态，此时并不是所有个体的个人收益都达到最大化，而是大多数人的个人收益最大化，所以成本与收益的协调是优先考虑社会成本与收益协调的。

一般情况下，统计制度与普通产品一样遵循边际效率递减规律。统计制度经历产生、发展、成熟、被替代四个过程，在此过程中体现了成本与收益与收益配比关系的变化，用统计制度边际效益来分析，就是边际效益递减为零的过程，如图 2－2 所示。

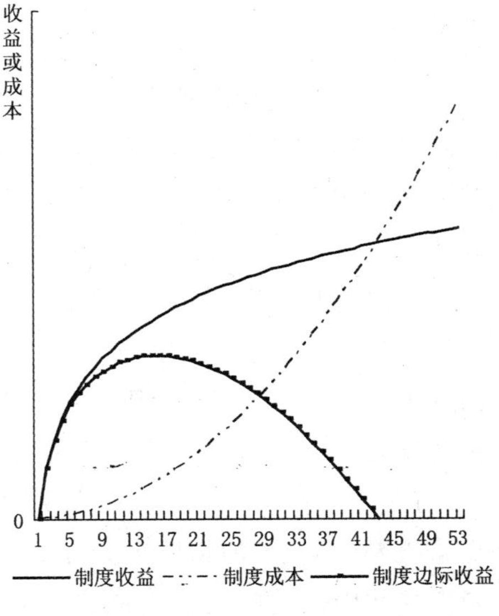

图 2－2　统计制度成本收益变化

第五节 统计制度变迁理论分析

统计制度变迁与其他制度变迁具有同样的制度变迁理论

基础，借助制度变迁的一般理论对统计制度变迁进行理论分析，有助于对中国统计制度变迁提供理论支持。

一、统计制度变迁的本质

（一）制度变迁的本质

制度变迁理论是涉及马克思主义制度变迁理论、新制度经济学制度变迁理论等多个理论，关于制度变迁的本质与内涵存在许多分歧：

1. 马克思主义制度变迁理论对制度变迁本质的研究

马克思将经济领域从社会生活中的各领域划分出来，将经济关系从社会关系中划分出来，并将其作为社会经济结构，即经济制度是制约着社会经济、政治和精神生活，并决定着整个社会面貌的最基本的社会关系。

马克思把社会关系归结为生产关系，揭示了社会发展的最深刻的根源在于社会的基本矛盾——生产关系与生产力的矛盾，社会发展服从于生产关系一定要适合生产力性质的规律。

马克思认为："社会的物质生产力发展到一定阶段，便同它们一直在其中运动的现存生产关系或财产关系发生矛盾。于是，这些关系便由生产力的发展形式变成生产力的桎梏，那时，社会革命的时代就到来了。"① 也就是说其制度变迁理论可表述为：当社会生产力发展到一定程度，就会与现存生产关系发生矛盾，现存生产关系便由生产力的发展动力变成生产力的发展阻碍，此时社会生产关系变革就会产生，制度变迁就发生了。

因而，马克思主义制度变迁理论认为，制度变迁的本质

---

① 《马克思恩格斯选集》第2卷，人民出版社1972年版，第82页。

是生产力发展中阶级关系的变革，各阶级为争取更多利益而斗争，形成新的利益格局，即形成了制度变迁。

2. 新制度经济学制度变迁理论对制度变迁本质的研究

新制度经济学家对制度变迁理论进行了深入研究，其中影响最大，最具代表性的制度变迁理论是由诺思提出的。

诺思认为，制度变迁是“对构成制度框架的规则、准则和实施组合所作的边际调整”。[①]“如果预期的净收益超过预期的成本，一项制度安排就会被创新。”[②]

因而，制度变迁的本质是利益相关主体为追求潜在的利润，对有关规则、准则和实施等制度构成内容及其组合关系所做的调整。

（二）统计制度变迁的本质

统计制度是社会关系的一个方面，所反映的是社会经济统计活动过程中社会关系，是基本社会经济制度上的一个分支。

统计制度变迁反映了社会经济统计活动所涉及统计活动主体权利与义务的重新分配，也即是以人与人关系为基础的社会关系的变革，体现为统计规则、准则和实施等的边际调整和结构调整。

我认为统计制度变迁的本质可概括为：在社会生产力与统计生产技术发展下，现有的统计制度对统计生产及社会生产产生了阻碍，统计制度变革在统计利益相关主体追求潜在的最大收益下发生。

---

① 诺思：《制度、制度变迁与经济绩效》，上海三联书店 1994 年版，第 111 页。

② L. E. 戴维斯、D. C. 诺思：“制度变迁的理论：概念与原因”，《财产权利与制度变迁——产权学派与新制度学派译文集》，上海三联书店、上海人民出版社 1994 年版，第 274 页。

二、统计制度变迁动因及变迁方式

（一）制度变迁的动因及变迁的方式

马克思主义制度变迁理论认为，制度变迁的最终原因和根本动力是社会生产力的发展。制度变迁可以采取暴力与和平、革命与改良等不同的方式。制度变迁，包括一种社会制度向另一种社会制度的演变，或同一社会制度内部不同阶段之间的转变，都可采用量变和质变两种不同的形式。

诺思制度变迁理论认为，制度变迁的动因在于行为主体期望在新制度下获取现有制度结构中所无法获取的最大潜在利润。因为将制度变迁看做制度安排的边际调整，是持续的量变过程，所以，制度变迁通过和平改良的方式来进行。

（二）统计制度变迁的动因及变迁的方式

统计制度变迁有根本动因和一般动因。根本动因是社会生产力发展的同时统计生产技术不断创新，实现了统计生产力的发展，为统计制度变迁提供了保障；一般动因是统计利益相关主体追求新的统计制度下最大的潜在收益，形成了对统计制度变迁的现实需求。更多的时候，统计制度变迁表现为统计制度安排的边际调整。

三、统计制度变迁的种类

（一）制度变迁的种类

马克思主义制度变迁理论涉及的制度变迁包括：社会形态的更替、生产关系（经济制度）的更替、上层建筑（政治、法律制度）的变革，并认为制度变迁是分层次的。

新制度经济理论从制度变迁需求主体的角度，将制度变迁分为诱致性制度变迁与强制性制度变迁。诱致性制度变迁是由单个行为主体在一定的约束条件下，为追求自身利益最大化而自发组织实施的自下而上的制度创新，由制度带来的不均衡获利机会引致的自发性制度变迁。它以排他性产权结构与分权决策体制为制度条件。强制性制度变迁是国家借助于行政、经济或法律的手段，自上而下组织实施的制度创新。它以非排他性产权结构和集权型决策体制为制度条件。诱致性制度变迁与强制性制度变迁存在互补关系。

（二）统计制度变迁的种类

从变迁的规模、变迁的速度、不同需求主体角度和不同层次上来考虑，统计制度变迁涉及局部统计制度变迁与整体统计制度变迁，涉及渐进式统计制度变迁与突进式统计制度变迁，涉及强制性统计制度变迁与诱致性统计制度变迁，涉及根本性统计制度变迁与辅助性统计制度的变迁。

各种统计制度变迁可相机组合，统计制度变迁常常表现为在个体统计制度的诱致性需求下，实现统计法律制度、统计管理体制、统计业务制度等的强制性的突进式变迁。

第六节　统计制度变迁的影响因素

潜在的获利是制度变迁的内在动力，也就是说是潜在净收益决定了制度变迁发生的可能。经济人是制度变迁的行为主体，在对制度变迁成本收益对比分析后，如果经济人发现收益是大于成本的，即净收益为正并达到社会平均收益，将会采取推动制度变迁的相应行动。参与统计活动的经济人，也会在统计制度变迁净收益为正的时候，采取行动来推动统计制度变迁。在衡量成本收益时，影响统计制度变迁的成本与收益的因素有很多，这些因素的综合变化决定了成本与收益关系的变化，这些影响因素整体来看主要包括政治因素、经济因素与社会因素。

一、政治因素

政治秩序与民主程度决定统计制度变迁的政治环境，对统计制度的有效变迁产生重要影响。

（一）政治秩序

政治秩序是人们依据基本的政治共识与法律制度展开政治实践的一种状态。制度供给的增加，取决于政治秩序提供新的安排能力和意愿。[①] 政治秩序主要通过宪法秩序对政体和基本经济制度明确规定来界定制度创新的方向和形式。[②] 在一定政治秩序下，人们对政治社会中公民的基本权利和政治制度达成某种共识，在政治生活的合法有序性、稳定性以及连续性下，政治秩序对统计制度需求产生积极影响，使统计制度变迁连续、合法有序。政治秩序存在两个极端情况：一是无政府状态，一是良好社会。在无政府状态与良好社会之间存在多种可能秩序状态，政治秩序接近良好社会状态则有利于统计制度有效变迁，反之则相反。

① 戴维·菲尼：《制度分析与发展的反思——问题与决择》，商务印书馆 1992 年版，第 144 页。

② 杨瑞龙："论制度的供给"，《经济研究》，1993 年第 8 期。

（二）民主程度

民主是以多数人决定、同时尊重个人与少数人的权利为原则。民主的实现程度，取决于其社会成员参与公共事务决策的广泛程度和深度。在统计制度的设计与实施过程中，每个统计活动参与主体都享有平等的建议权、监督权，从而有助于达成统计制度共识，减少统计制度变迁成本和统计制度运行成本。

二、经济因素

经济发展水平是决定统计制度变迁的根本因素，因为基本经济制度决定了统计制度的变迁的方向与可能范围，而其他制度也影响着统计制度创立及运行的成本。

（一）经济水平

统计制度是在一定的经济水平上产生与发展的，所以经济发展水平是统计制度发展变迁的决定性因素。一方面，经济发展水平越高、经济规模越大，社会分工越细，经济现象越复杂，对统计工作的要求越高，对统计制度的需求增加。随着经济发展水平的不断提高，对统计制度的数量需求不断增加、质量需求不断提高，减少制度成本的统计制度的变迁与创新的可能性不断增大。另一方面，经济发展水平高，则提高了对统计制度设计及实施成本的支付能力，有能力为创新统计制度提供经济支持，使统计制度变迁与创新不断实现，这一点可在世界各国经济水平与统计制度发展关系中窥见一般。根据世界各国实际数据资料，经济实力强的国家，统计经费投入总量较多，占经济总量比重也较高，统计制度变迁相对经济制约较小，从数量分析角度、从统计关系上看（见表 2－1、表 2－2、表 2－3、表 2－4），统计预算经费数额与国家的国内生产总值密切相关，国家的国内生产总值的变化会对统计预算经费产生显著影响，所以经济总量与经济发展水平比较高的国家，统计预算经费充足，统计制度变迁也相对容易，并且理论与实践均能证明，其统计制度变迁也相对合理完善。

表 2－1　部分国家 1999 年统计预算经费及 GDP 数量统计表

国　家	统计预算经费（亿美元）	国内生产总值（亿美元）
美　国	41.23	92992.00
英　国	2.11	14434.20
日　本	3.21	41116.13
加拿大	2.73	6513.72
澳大利亚	1.62	3664.20

资料来源：根据《中国统计年鉴》及《中外政府统计体制比较研究》资料计算整理。

表 2－2　统计预算经费与 GDP 数量关系

指标 / 相关系数 / 指标	统计预算经费	GDP
统计经费	1	0.93
国内生产总值（GDP）	0.93	1

表 2－3　1999 年统计经费与 GDP 回归分析系数表

变量	系数	估计标准差	t 统计量	概率
C	－3.538409	4.612719	－0.767098	0.4989
X	0.000432	0.000100	4.314182	0.0229

表 2－4　　1999 年统计经费与 GDP 分析模型总结表

指　标	数　值	指　标	数　值
样本决定系数	0.8612	因变量均值	10.1800
修正样本决定系数	0.8149	因变量标准差	17.3680
回归估计标准误	7.4719	赤池信息准则	7.1493
残差平方和	167.4868	贝叶斯信息准则	6.9931
对数似然	－15.8734	F－统计量	18.6122
杜宾—瓦特森统计量	2.0601	概率（F－统计量）	0.02294

（二）基本经济制度与其他制度

制度按其规范的范围、强度等分成不同层次。经济制度也同样是分层次的，经济制度体系中处于最高层的是基本经济制度，其他制度以基本经济制度为核心，按一定配比关系设置。在具体实施进程中每一项制度通常不是独立发挥作用的，而是与其他制度配合发挥作用的，尤其要以基本经济制度为基础。当基本经济制度变革时，必然会带来其他制度的变革，也必然会要求统计制度变迁。当统计制度中的上层制度变革时，也同样要求其他统计制度变迁，而统计制度体系变迁过程中更多的表现为具体统计制度的最先变迁，带动上一层统计制度发生变迁，并最终带动统计根本制度的变迁，同时推动其他制度甚至是基本经济制度的变迁。因此，我们认为统计制度受基本经济制度决定，受其他制度影响，并在一定程度上影响其他制度和基本经济制度。

（三）制度变迁成本与制度收益关系

当制度创新供给者具有显著制度变迁收益时，新的统计制度供给才会出现，统计制度创新才具备了供给条件。当制度设计与实施的成本小于制度收益时，统计制度创新才可能发生，当制度创新供给者代表着具有集团优势的利益集团的集体利益时，统计制度变迁能够带来该利益集团的新增收益大于新增成本时，统计制度变迁才可能发生。

三、社会因素

统计制度变迁成为社会共同意识才能使统计制度创新成为可能，社会人口的数量与质量可能会成为统计制度变迁的阻碍力量或推动力量。

（一）社会意识

社会意识是社会存在的反映，包括人的一切意识要素和观念形态，由互相联系的各种世界观构成。当统计制度设立与创新体现社会共同意识时，统计制度创新的阻碍减少，当统计制度设立与创新的共同意识强烈时，才有可能进入到统计制度创新阶段。社会意识由社会存在决定，同时社会意识又影响社会存在。当个体的统计制度改革与创新意识逐渐上升为社会共同意识时，将通过其反作用对社会存在产生影响，此时，统计制度变迁才成为可能。

（二）人口

人口对社会经济发展产生较大影响。首先，从人口数量规模上来分析，当前中国人口数量越多，生存压力越大，资源合理配置的要求越强烈，因而对于制度的需求就越多，当然对人口和资源等统计制度的需求也必然增加；其次，从人口质量来分析，人口质量越高，社会竞争越激烈，对制度的供给与需求会同时增加，统计制度的供给与需求相应调整；最后，从人口结构上分析，当前老年人口比重上升，中国将步入老龄化社会阶段，一系列人口问题显现，社会劳动力存在潜在危机，人与人之间的关系更加复杂，对社会制度变迁产生影响，从而也对人口统计制度变迁产生影响。

第三章

中国统计制度变迁

统计制度变迁是社会经济发展的历史必然选择。本章从中国统计制度的变迁历程分析入手，实证研究各项统计制度变迁与经济增长的关系，研究各项统计制度变迁之间的关系以及统计制度变迁与其他法律制度之间的关系，研究统计制度变迁的规律方向，为中国统计制度创新提供准备。本章主要观点是：第一，统计制度的变迁是历史发展的必然，未来统计制度还会不断变迁以适应社会经济发展需要。第二，经济增长与统计制度的变迁有共同发展变化的关系，统计制度的变迁受经济增长的影响，统计制度的变迁也对经济增长有作用。第三，中国统计制度变迁以提高经济社会生产能力为基础，以提高统计能力为目标，由单一制度变迁向多项制度系统变迁转变，制度变迁会更多考虑变迁成本。第四，各项统计制度变迁之间存在相互促进、相互影响的共变关系，因而统计制度的变迁符合理论上的系统协调变迁要求。第五，统计制度变迁与其他法律制度是存在相互关联的，每一项统计制度的变迁都可能涉及部门法，所以在考察统计制度变迁时绝对不能将其看成一个孤立的领域。

第一节 中国统计制度变迁的历程

统计制度是界定统计活动各相关主体的权益，约束统计活动各相关主体的行为，降低不确定性带来的交易费用，并保障统计活动各主体权益的一套行为规则和实施保障。当前统计制度是由多种统计制度组成的体系，是在社会经济不断发展下产生并积累起来的。

从统计发展史看，统计制度产生后，其变迁不断发生。从古代的"上计"制度，[①] 到现今居于基础性地位的周期性普查制度的调查制度等统计制度确立，我们都看到了统计制度不断变迁的表现。从中国发展历史来看，统计制度不断变迁以适应现实状况，但统计制度变迁也存在着相对的独立性。统计制度更多的是经历自我演进式的变迁，统计制度变迁中对立统一关系体现明显。对立体现在统计制度变迁中新制度与旧制度相互排斥中，而统一则反映了新旧制度之间的依存关系，包括新制度在旧制度上的产生与发展。所以，统计制度变迁与其他制度变迁一样具有制度变迁的共性，也有

① 上计制度，即地方官员向朝廷申报一年施政成绩的制度。上计时地方向中央呈交计书，或称为计簿，其内容为地方一年中的租赋、刑狱、选举等情况。

其独有的特性。通过主要统计制度变迁的历程，可以发现统计制度变迁的缘由和未来变迁的趋势。

对中国统计制度变迁历程研究时，本书关注统计制度的三个主要方面的发展变迁，即重点对中国统计管理体制、中国统计调查核算制度和中国统计法律制度的历史发展情况进行分析。

一、中国统计管理体制变迁历程

国家统计管理体制，是指国家统计管理的组织结构和组成方式，即采用怎样的组织形式以及如何将这些组织形式结合成为一个合理的有机系统，并以怎样的手段、方法来实现管理的任务和目的。具体来说，统计管理的体制是规定中央统计机构、地方统计机构、部门统计机构的管理范围、权限职责、利益及其相互关系的准则，其核心是管理机构的设置。

中国统计管理体制的变迁历程可以分为三个历史阶段，即古代、近代、现代的统计管理体制变迁。

（一）中国古代统计管理体制的变迁历程

1. 先秦时代统计管理组织的形成与发展

原始社会末期，统计活动开始出现，到了商朝，由于国家机构相对于前朝更加完整，文字记载也成为可能，处于附属地位的统计组织开始建立，但当时还没有形成统一的组织机构，及至西周时期，据《周礼》记载，周朝六卿在对国家行政事务负责的同时均有不同的统计工作，形成分工协作的分散统计组织机构，如六卿之首的天官冢宰主管全国的财经统计，地官司徒分管土地、人口、赋税、财产等统计，春官大宗伯分管祭祀统计，夏官大司马分管军政、军赋、少数民族人口等统计，秋官司寇分管刑狱与人口统计，冬官司空分管工程统计，春秋战国时期是奴隶制社会解体、封建社会初建时期，各国相互征伐不断，国家机构设置并不统一，作为附属的统计组织机构则更难统一。

2. 秦汉及三国、两晋、南北朝时期统计管理组织的构成与发展

秦朝时期，封建中央集权国家初建，皇帝集大权于一身，下设三公九卿统管朝政，同时分管各机构统计工作，按行政组织进行综合统计工作，按业务分管进行业务统计工作。如丞相统一管理全国统计工作，御史大夫分管地方及中央部门报送的报告，太尉主管军队，廷尉主管司法统计，典客主管少数民族地区及外交统计，治粟内史主管全国财政经济统计，少府主管王室财物收支统计。除中央统计工作之外，地方统计工作由郡县的“少内”、“县丞”、“三老”等兼管。汉朝承袭了秦朝的统计组织，进一步发展了综合统计系统与业务统计系统。三国、两晋、南北朝时期统计组织基本沿袭了秦汉时期的设置。

3. 隋唐及五代时期统计管理组织的构成与发展

隋朝统计组织仍附属于行政机构，三省六部制确立并不断强化，尚书省下设尚书令、左右仆射兼管全国综合统计，吏部、礼部、兵部、都官、度支、工部六曹兼管相关统计工作。唐朝统计组织在隋朝基础上有所完善，仍附属于行政机构，虽不独立，但统计组织系统相对完整。唐朝三省主官为中书令、侍中（门下）、尚书令，尚书省仍设六部兼管各部门业务统计，分别是吏部、礼部、兵部、刑部、户部、工部，分管人事统计、教育统计、军事统计等统计工作，刑部下设比部，专门监管全国财政收支统计工作。五代十国时期统计组织机构承袭唐制。

4. 宋元明及前清时期统计管理组织的构成与发展

宋朝官制实行三权分立，“三司”是当时的最高财计管理机构，管理全国综合统计和业务统计。宋太宗时期曾设立三司总计司，是中国会计统计独立组织管理机构的一次尝试，后期又恢复三省六部制，此时户部统管天下财计，兼管统计工作。元明及前清时期统计组织承袭宋制，与宋朝统计组织机构相似。

（二）中国近代统计管理体制的变迁历程

1. 鸦片战争到清末时期统计管理组织的构成与发展

清朝末期实行“新政”，原设六部除吏部、礼部名称未变更外，其余四部名称均变更，另外又增设了外务部、民政部、邮传部、学部，到 1906 年共设十一个部，为抵制资产阶级革命，以“立宪”的名义，设立了统计局，负责全国综合统计工作，是中国历史上首次成立的全国性的最高统计机构。1908 年，在民政部等部门先后设立统计处，主管各部门业务统计，当时统计局以筹备立宪相关统计资料为主要任务。1911 年统计局由内设机构改为内直属机构。统计局的建立结束了古代统计组织附属情况，形成了相对独立的全国性统计组织管理系统。

2. 北洋政府时期统计管理组织的构成与发展

1912 年，北洋政府在中央政府各部门设有统计机构，这一点与清末相似，1913 年省级地方政府设置统计处或统计科、统计股，少数省的县级政府设有统计机构，此时期虽有最高统计机关和专门的统计机构，但统计无整体的规划，存在统计各自为政，极不平衡情况，统计组织机构设立及其效果还远不如清末筹备立宪时期。

3. 国民政府时期统计管理组织的构成与发展

国民政府统计组织比北洋政府时期有了较大进步，统计管理组织形式相对集中。1927 年国民政府成立，在需要统计调查的情况下，中央及地方政府开始设立统计机构，但全国无统一设置规范，1931 年中央主计处成立，处于财务管理的超然地位，而统计局则是主计处的三个局之一，设有 5 个科，分别管理社会统计、资源统计、经济统计、政治统计与国际统计，人事统计，1947 年增设两个科。中央各部门统计机构统计人员分为统计长、统计主任、统计员，受双重管理。1933 年颁布《地方行政机关统计组织暂行规则》，1947 年设置统计处的省市政府有 31 个。自主计处设立，统计组织表现为一种集中统一形态，但实际上并没有实现真正地统一。

（三）中国现代统计管理体制的变迁历程

余芳东[①]将现代统计管理体制划分为 4 种基本类型：一是“专业集中、地方集中”型统计管理体制，指中央政府统计机构在横向和纵向两个方面对官方统计工作实行高度集中管理；二是“专业集中、地方分散”型统计管理体制，指专业统计由中央统计机构集中管理，中央统计机构对地方统计机构的管理相对松散；三是“专业分散、地方集中”型统计管理体制，指专业统计由政府各部门承担，中央统计机构对地方统计机构集中垂直管理；四是“专业分散、地方分散”型统计管理体制，指中央统计机构对专业统计和地方统计的管理十分松散，专业统计工作由政府各部门来负责，地方统计工作由各地方政府负责，中央统计机构主要起协调的作用。

1. 新中国建立初期统计管理组织构成与发展

随着新中国诞生，官方统计组织管理机构开始组建。1949 年 10 月，中央人民政府政务院财经委员会在中央财经

① 余芳东：“外国政府统计体制的类型及其特点”，《改革》，2001 年第 1 期。

计划局设立了统计处（以后称统计总处），在苏联专家的协助下，规划新中国统一的财经统计工作。1950 年初，中央人民政府政务院教育委员会内设立了统计处，当时两个统计处是并行关系。由于经济建设的需要，中央人民政府第十七次全体会议决定成立国家统计局。1952 年 8 月，国家统计局成立。适应当时高度集中的计划经济体制要求，国家统计局统一领导全国的统计工作，统一制定全国的统计制度与方法，地方、部门都必须遵照执行。此时的统计管理体制是“统一领导，分级负责”的相对分散的统计管理体制。

1958 年，全国处于“大跃进”时期，很多制度体系遭到严重破坏，当时的统计管理体制也未幸免，这给统计工作带来了严重后果——统计工作基本停滞，即使有些数字，也难以避免“假大空”，难以发挥统计的职能作用。

2. 60 年代统计管理组织构成与发展

1962 年 4 月 4 日，党中央、国务院针对统计工作“大跃进”的严重后果作出了《关于加强统计工作的决定》（简称“四四”决定），提出实行各级统计部门由国家统计局垂直领导，各级统计部门的人员编制、干部任免和经费均由国家统计局统一管理的“一垂三统”的相对集中的统计管理体制。根据上级统计部门统一规定，各级统计部门将统计资料直报上级统计部门，当地政府部门不能干预统计资料的直接上报。1963 年，成立了直属国家统计局领导的全国农产量调查队及各地区的调查分队。

1966 年“文化大革命”开始后，中国统计管理体制又一次遭到严重破坏。1969 年后，全国绝大多数统计机构撤并，统计人员被遣散，国家统计局缩减为国家计划委员会的一个内设机构，地方统计机构相应的放在了地方计划委员会内，统计机构不独立，此时的统计管理体制显得更为分散，几乎起不到什么作用。

3. 改革开放后统计管理组织构成与发展

1978 年 3 月，国家统计局恢复。统计管理体制以“统一领导，分级负责”的相对分散的统计管理体制为主。

1983 年 12 月，《中华人民共和国统计法》颁布，统计管理体制相对法治化。1984 年，确定两支抽样调查队的组建方案，并着手组建调查队，实行相对集中，垂直领导的“一垂三统”统计管理模式，作为整体相对分散统计管理体制的补充。

中国统计管理体制在 1978 年后，中国统计管理体制处于一个相对稳定期，变化幅度相对较小，随着经济体制、政治体制改革的不断深入，统计工作面临形势的日益复杂化情况下，中国统计管理体制与经济体制、统计发展的需要存在着越来越多的矛盾，统计管理体制改革是中国统计改革的最根本、最核心的内容。

二、中国统计调查核算制度变迁历程

统计调查制度是国家管理和组织统计调查的一系列行为规则和规则实施的一系列保障。

作者根据中国历史发展进程，将统计调查制度的变迁历程分为古代、近代、现代的统计调查制度变迁阶段。

（一）中国统计调查制度变迁历程

1. 中国古代统计调查制度的变迁历程

西周时期，职方氏的国势调查、中国历史上最早的一次人口调查——周宣王的料民、统计报告制度开启了中国调查工作与调查制度的产生与发展的序幕，及至春秋战国时期的人口与土地调查及上计制度的推行，使统计调查活动及统计调查报告制度具有持续规范性。秦汉时期，上计制度比较完善，并成为当时重要的制度之一。唐朝时期，上计制度进一步发展，已经形成了法律规定。宋朝时期，上计制度得以改进，内容增加，人口统计、土地统计、矿冶统计等均成为统计调查制度的规范内容。元朝时期，在宋朝调查制度的基础上，建立了村社制度、军民异籍制度，注重仓储统计，并将驿传统计调查制度作为定制。明朝时期，上计制度发展较为完备，有月报、二月报、季报、半年报、年报、三年报等，内容详略也因时间长短而异，具有内容完善、格式统一、程序明确、审核严格等特点，人口调查统计中，更加注重了分组统计。前清时期，上计制度基本沿袭明朝制度，为加强统治需要，建立赋役册簿制度，涉及五种册簿制度，形成统计记录。

2. 中国近代统计调查制度的变迁历程

清末的统计调查制度在筹备立宪的基础上，引入近代西方统计方法，并应用在海关统计等调查统计工作中，因而上计制度中关于海关统计报告的内容增加较多，并将邮驿制度进一步规范，确定为一项调查制度，1908 年，清政府制定人口普查制度，1909 年组织开展人口普查，但普查效果不好，主要是由于方法不合理、标准不确定、官吏敷衍等原因引起的。民国政府统计调查制度规范数量增多，统计调查工作涉及人口清查、农业普查、农商调查、物价调查等多方面，调查工作开展较多，但存在的最大问题就是调查重复、数字不准确、同一调查项目结果相差过大。

3. 中国现代统计调查制度的变迁历程

新中国成立初期，百废待兴，根据国家管理和恢复国民经济的需要，很多地区设立了统计调查机构，进行统计调查，为各地区经济管理提供了许多翔实数据资料。中央统计部门与各地区统计调查机构的关系既不是领导与被领导关系，也不是指导协作关系，是并行关系，因而各地区、各部门的统计调查工作是分散的，缺乏统一的部署和要求，获取的资料难以全面反映中国国情、国力的整体情况，因此统计调查制度还未成体系。

随着国民经济的逐步恢复，新中国统计工作的重要性凸显，统计工作基本问题被提上了议事日程。1951 年 7 月，中财委召开了全国财经统计会议（称为第一届全国统计工作会议），中财委副主任李富春到会作了重要讲话。会后，各大区和各省、市相继建立了统计机构。各级业务部门也建立了统计机构或配备了统计人员，统计干部得到培训，基层统计力量加强，专业统计年报和定期统计报表得以贯彻实施，许多统计调查方法应用于大量资料收集，为国家制定第一个五年计划提供了重要依据，并为建立以统计报表制度为基础的全国集中统一领导的统计调查制度体系做好了基础准备。

1966 年“文化大革命”开始后，中国统计调查制度体系遭到严重破坏。1970 年 5 月 4 日，国家计委发出《关于建立统计报表制度的通知》，此后统计报表制度作为基本统计调查制度逐步恢复。

1977 年以后，尤其是 1978 年国家统计局恢复后，为适应计划经济发展和 MPS 核算的需要，恢复建立了政府统计报表与部门统计报表相结合的全面统计报表制度体系，当时的统计调查制度体系由单一的统计报表制度体系构成，此统计调查制度体系适应了当时调查对象相对单一的情况。1983 年 12 月，国家最高立法机关颁布《中华人民共和国统计法》，基础统计调查制度有了明确的法律地位。

随着经济体制由计划经济向市场经济转变，统计调查对象日益复杂化，一是社会经济现象复杂化，统计口径难以准确把握；二是各类经济组织迅速发展，统计调查单位数量迅速膨胀；三是统计活动利益主体多元化，对统计工作的干扰严重。此时，单一的全面统计报表统计调查制度体系难以应对如此复杂的现实，为此，进行了全面修改，形成了更统一、规范、减轻基层负担的“一套表”统计报表制度，并配以经常性抽样调查制度和定期普查制度。

1994 年 7 月，国务院批转了国家统计局草拟的《关于建立国家普查制度改革统计调查体系的请示》，该文件提出建立以周期性普查为基础，以经常性抽样调查为主体，重点调查等为补充的多种调查方法综合运用的国家统计调查方法制度体系，并规定了人口普查、工业普查和农业普查等普查实施的周期与年份。1996 年修订的《统计法》将此内容包括进来，完善了统计调查制度体系，反映了统计调查制度规范的又一次大的变迁。2003 年，国家对普查制度进行改革，合并原有的基本单位、工业和第三产业普查，增加建筑业普查，形成经济普查制度。2005 年，合并原有的农调队、城调队和企调队，组建由国家统计局垂直管理的各级调查总队，作为国家统计局的派出机构，其机构级别被提升，组建调查总队的最主要目的之一是为了保证统计调查工作的独立性，及时、准确地获得国家决策所需统计信息。

2009 年，第十一届全国人民代表大会常务委员会第九次会议作出了《关于修改〈中华人民共和国统计法〉的决定》，并于 2010 年 1 月 1 日起实行。新《统计法》第二章对统计调查制度进行了的修订，提出以周期性普查为基础，以经常性抽样调查为主体，综合运用全面调查、重点调查等方法，并充分利用行政记录等资料的国家统计调查方法制度体系。新法强调了充分利用行政记录以减少重复调查，理论上会减少统计调查制度实施成本，提高工作效率。

新中国成立后，统计事业经历了一个从局部发展到全面发展的历程，统计调查制度也由初期的零散的无体系状态，发展到 1978 改革开放前统计报表制度发挥指导作用，再经过不断变迁形成了目前综合的国家统计调查制度体系，统计调查制度有了质的飞跃，然而，当前的社会经济更加复杂，需要新的统计调查制度变迁以适应新的需要，所以统计调查制度创新是我们需要持续关注的，更是历史发展与现实选择的必然。

（二）中国统计核算制度的历史变迁

统计核算制度体系是规定以国民经济为整体组织核算的如何实施、应用何种核算的方法和各方面核算如何协调的一系列行为规则和规则实施的一系列保障。

中国最早期的统计核算始于西周的人口统计核算，春秋战国时期就将统计估算、平衡表的思想引入统计核算，但没有形成确定的统计核算制度。可以说，在新中国成立前的几千年里，统计核算工作基本以王命要求作为核算规范，并没有形成以国民经济为整体进行统计核算的统一规范。新中国建立后，统计核算制度才逐渐建立并不断发展。

从 1953 年到 1993 年，核算制度体系在不断变革，如 1987 年国务院办公厅印发了《关于进行全国投入产出调查的通知》，确立了投入产出核算制度，投入产出核算制度从无到有，但核算制度体系变革中最突出的是 1993 年 SNA 核算制度体系地位的确定。

新中国成立以来，中国统计核算制度主要采取了两种核算制度体系：初始的统计核算制度是在学习苏联统计核算制度的基础上建立起来的，基本上属于 MPS 制度体系，从 20 世纪 50 年代到 1992 年间发挥了重要作用；1992 年，中国开始试行与联合国 SNA 制度体系相衔接的统计核算制度体系，到 1995 年，新的统计核算制度体系已基本确立。2002 年，制定了《中国国民经济核算体系》，对中国国民经济核算进行了新的规范。当前，统计核算制度体系仍在不断调整，使之更科学、更可行。

三、中国统计法律制度变迁历程

统计法律制度是统计部门管理统计工作、规范统计行为的法律规范的总和，规定了统计部门与其他组织、公民在统计活动、统计管理中所形成的社会关系。

根据中国历史发展进程，结合中国法律制度发展历史，将统计法律制度的变迁分为古代、近代、现代的变迁阶段。

（一）中国古代统计法律制度的变迁历程

1. 统计法律法规的萌芽

统计法律法规萌芽于春秋战国时期，公元前445年，李悝著《法经》，其中有涉及统计簿书、统计报告不实、度量衡的法规，如伪造文书（含统计簿书）、增减数字，重者按盗窃论罪，轻者按伪造官文论罪，再如，统计报告不实的根据不同情况处以不同的刑罚。

2. 统计法律法规的主要发展

秦朝时期的统计法规，总结了春秋战国的经验，对统计数字、原始统计记录、统计计量单位、统计簿籍的交接验收程序、违反统计法规的惩处等做了规范，将上计制度、管理组织体制、统计违法处理以法制形式确定下来，是对统计法律制度的重要发展。汉朝在沿袭秦朝统计法制的基础上有所发展。唐朝时期，《唐律》作为唐朝时期最主要的法律规范，其中关于统计的法规是秦汉以来最完善的。宋朝在沿袭唐朝统计法制的基础上，对统计账簿及统计报告的记录与编制进行了严格的法律规范。元朝统计法规主要规范了丁税与地税及仓储统计。明朝《大明律》中明确规定户籍、田赋和账簿等统计法规，对违反统计法规的行为处罚非常严厉。前清时期，颁布的统计法规有脱漏户口律和保甲户口清查法。

（二）中国近代统计法律制度的变迁历程

清末时期，为筹备立宪，清政府颁布《清查户口条例》。1934 年和 1936 年，国民政府分别颁布《统计法》及《统计法实施细则》，对统计调查方案、资料收集方法、业务调查规则、统计机构设置及工作流程、统计人员的雇用与考核等做出规范。国民政府《统计法》强调了统一统计工作的流程，对统计数据准确性规范不足，使得政府统计资料的准确性存在问题。国民政府颁布的《统计法》是中国第一部有关统计的独立立法，虽然法律规范效率不高，但具有一定的时代意义。

（三）中国现代统计法律制度的变迁历程

新中国成立后，统计法律制度经历了不断修改完善的变迁历程，从统计根本法的制定，到统计法律环境的建设都非常明显。

1962 年初，根据周总理指示，国家统计局总结了新中国成立后统计工作的经验和新需要，并拟定了《统计工作试行条例》。1963 年 3 月，国务院第 127 次全体会议召开，在周总理主持下，会议正式通过并发布了《统计工作试行条例》，这是新中国成立后第一个比较严密、完整的统计法规。

改革开放后，为了更好地开展统计工作，1983 年，在第六届全国人民代表大会常务委员会第三次会议上，审议通过《中华人民共和国统计法》，并于 1984 年 1 月 1 日起施行。该法是新中国第一部统计法律。它的颁布实施，标志着中国统计工作开始步入法治轨道。

1987 年 1 月 19 日，国务院批准《中华人民共和国统计法实施细则》，并于 1987 年 2 月 15 日开始施行。1996 年，在第八届全国人民代表大会常务委员会第十九次会议上，通过了《关于修改〈中华人民共和国统计法〉的决定》。2005年12月16日，国务院发布《关于修改〈中华人民共和国统计法实施细则〉的决定》，并于2006年2月1日起施行。2009年6月27日，在中华人民共和国第十一届全国人民代表大会常务委员会第九次会议上，通过了第二次修订的《中华人民共和国统计法》，并于2010年1月1日起施行。

从统计管理体制、统计调查核算制度、统计法律制度建立到不断修改完善的整个历史发展进程中，每一次统计制度变迁都与社会经济发展密切联系在一起，而且每一项统计制度变迁又与其他的统计制度变迁存在着直接或间接的联系。

第二节 中国统计制度变迁与经济增长

在考察统计制度变迁与经济增长的关系时，作者考虑到实证分析数据资料的可得性与准确性，把现代统计制度变迁与经济增长关系分析作为重点。

从经济总量、增量和增速上考察经济实力和发展潜力，中国经济发展与经济增长自然划分为几个阶段：

新中国成立初期百废待兴。由于民族战争与国内战争的破坏，新中国成立前，社会生产力遭到严重的破坏，所以新中国刚刚成立时，面临主要任务之一就是恢复社会生产力。1953年第一个五年计划开始实施，仅用四年时间，也就是在1956年完成了第一个五年计划任务，国民经济实现了较高的积累率，大多数居民生活得到了改善。

“大跃进”及“文化大革命”时期经济发展停滞。1957年开始“大跃进”，国民经济发展遭到严重破坏，到1964年，国民经济绝对量才恢复到1957年的水平。然而，1966年的“文化大革命”，又一次对国民经济造成巨大破坏。1958年到1978年20年间，社会经济生产发展几近停滞，经济增长缓慢。

改革开放以后经济迅速发展。1979年以后，中国经济实现了高速增长，进行了企业所有制等一系列体制改革，并形成以税收等间接调控手段代替行政手段的调控管理体系。

在理论上，中国经济发展与经济增长与各项统计制度变迁应存在必然的联系，而主要统计制度的发展变迁与经济发展与增长的关系应更为紧密，本部分将对中国统计管理体制变迁、中国统计调查核算制度变迁和中国统计法律制度变迁与经济增长的关系展开研究，发现各项统计制度变迁与经济增长之间关系的规律。

一、中国统计管理体制变迁与经济增长

通过对新中国统计管理体制的变迁与经济增长的进程对比分析，我们发现，在统计管理体制变迁后发挥较好的作用时，经济增长的速度是加快的，而在统计管理体制变迁后难以发挥作用时，经济增长也基本是停滞的，所以，基本上符合理论上制度与经济增长的关系是共变关系。

为了更好地研究统计管理体制的变迁与中国经济增长的关系，本部分依据1952年到2009年统计管理体制的变迁与中国经济增长的实际资料，运用多元线性回归分析方法，分析统计管理体制的变迁与中国经济增长之间的数量关系。

在指标选取上将衡量一国经济增长最具有代表性的指标

即国内生产总值（GDP）的增长作为经济增长统计指标。在数据处理上，本部分以1952年到2009年的GDP的增长率（按1952年不变价计算）反映经济增长，数学形式上采取对GDP取自然对数，用lnY来表示；分别取资本形成总额和从业人员数的对数值作为资本和劳动投入，用lnK和lnL表示。

新中国成立后，中国统计管理体制发生的主要变迁有两次，第一次是1978年国家统计局重新组建后，管理体制由不健全到比较健全，第二次是1984年调查队采取“一垂三统”统计管理模式之后，中国统计管理体制由单一管理体制向混合统计管理体制相对调整。本部分将统计管理体制变迁视为政策型变量，分别设为两个政策虚拟变量 D_1，D_2，其取值为每次变迁之前取值为0，变迁之后取值为1，取值为0说明统计管理体制变迁还没有发生，其作用还没有产生，取值为1说明统计管理体制变迁已经发生，其影响作用开始发挥，根据两次主要变迁，统计管理体制变迁变量具体取值情况如下：

$$D_1\begin{cases}0 & \text{1978 年及以前（管理体制不健全）}\\ 1 & \text{1978 年以后（管理体制较健全）}\end{cases}$$

$$D_2\begin{cases}0 & \text{1984 年及以前（混合统计体制前）}\\ 1 & \text{1984 年以后（混合统计体制后）}\end{cases}$$

根据中国统计年鉴及新中国50年统计资料GDP数据，按1952年不变价格计算得到中国经济增长变量和统计管理体制变迁变量的整理资料（表3-1），分析统计管理体制变迁与经济增长的相关关系，进一步验证制度变迁对经济增长的内在推动。

根据表3-1统计资料，运用计量经济学软件Eviews进行多元线性回归分析，首先对序列平稳性检验，计算得到所有序列均是非平稳的，但所有序列是同阶单整的，利用多元回归参数估计过程得到的回归残差（实际变量值与估计值之差）是平稳序列，因而可以利用回归分析方法分析统计管理体制变迁等因素对经济增长的长期影响，计算得到变量间相关系数矩阵（表3－2）和运用最小二乘方法得到回归统计结果（表3－3和表3－4）。

回归估计结果总结为：

$$\ln Y = -1.84 + 0.52\ln K + 0.57\ln L + 0.09D_1 - 0.11D_2$$

$$(0.9)\quad(0.02)\quad(0.10)\quad(0.04)\quad(0.04)$$

$$t\quad -2.04\quad 28.13\quad 5.96\quad 2.1\quad -2.43$$

$$R^2 = 0.995\qquad F = 2227.614\qquad n = 56$$

线性回归分析结果表明：统计管理体制变迁对经济增长的影响在统计上线性关系是非常显著的，统计管理体制变迁与资本投入、劳动投入共同反映了99%以上的经济增长变化，说明统计管理体制变迁对经济增长有积极作用。反过来分析经济增长对统计管理体制变迁的影响，我认为经济持续稳定增长也会不断增加统计管理体制变迁的可能性。所以要改革统计管理体制，必然不能脱离经济的持续稳定增长，也只有在经济持续稳定增长的条件下，统计管理体制才能实现较好的运行效果。反过来统计管理体制的改革创新，也会推动统计技术的创新，并为宏观经济与微观经济决策提供更准确的数据支持，从而大大增加决策的科学性，实现经济持续稳定增长。

有利于及时记录经济增长实际情况。

表3－1　1952—1980年GDP数据及统计管理体制变迁变量

年份	D_1	D_2	$\ln Y$	$\ln K$	$\ln L$
1952	0	0	6.52	5.04	9.94
1953	0	0	6.67	5.29	9.97
1954	0	0	6.71	5.42	9.99
1955	0	0	6.77	5.40	10.01

续表

年份	D_1	D_2	$\ln Y$	$\ln K$	$\ln L$
1956	0	0	6.91	5.55	10.04
1957	0	0	6.96	5.63	10.08
1958	0	0	7.16	6.07	10.19
1959	0	0	7.24	6.43	10.17
1960	0	0	7.24	6.35	10.16
1961	0	0	6.92	5.62	10.15
1962	0	0	6.86	5.18	10.16
1963	0	0	6.96	5.58	10.19
1964	0	0	7.13	5.86	10.23
1965	0	0	7.28	6.14	10.26
1966	0	0	7.38	6.35	10.30
1967	0	0	7.33	6.05	10.34
1968	0	0	7.28	6.07	10.37
1969	0	0	7.44	6.19	10.41
1970	0	0	7.62	6.61	10.45
1971	0	0	7.68	6.71	10.48
1972	0	0	7.72	6.67	10.49
1973	0	0	7.80	6.81	10.51
1974	0	0	7.82	6.84	10.53
1975	0	0	7.90	6.97	10.55
1976	0	0	7.89	6.90	10.57
1977	0	0	7.96	7.00	10.58
1978	0	0	8.07	7.23	10.60
1979	1	0	8.14	7.30	10.62
1980	1	0	8.22	7.38	10.65
1981	1	0	8.27	7.40	10.69
1982	1	0	8.36	7.49	10.72
1983	1	0	8.46	7.62	10.75

续表

年份	D_1	D_2	$\ln Y$	$\ln K$	$\ln L$
1984	1	0	8.60	7.83	10.78
1985	1	1	8.73	8.15	10.82
1986	1	1	8.81	8.28	10.85
1987	1	1	8.92	8.40	10.87
1988	1	1	9.03	8.65	10.90
1989	1	1	9.07	8.75	10.92
1990	1	1	9.11	8.82	11.08
1991	1	1	9.20	8.97	11.09
1992	1	1	9.33	9.22	11.10
1993	1	1	9.46	9.66	11.11
1994	1	1	9.58	9.92	11.12
1995	1	1	9.69	10.15	11.13
1996	1	1	9.78	10.27	11.14
1997	1	1	9.87	10.31	11.15
1998	1	1	9.95	10.35	11.17
1999	1	1	10.02	10.40	11.18
2000	1	1	10.10	10.46	11.19
2001	1	1	10.18	10.59	11.20
2002	1	1	10.27	10.73	11.21
2003	1	1	10.36	10.93	11.22
2004	1	1	10.46	11.14	11.23
2005	1	1	10.57	11.26	11.24
2006	1	1	10.68	11.44	11.24
2007	1	1	10.82	11.62	11.25
2008	1	1	10.91	11.84	11.26
2009	1	1	11.00	12.01	11.26

资料来源：根据《中国统计年鉴》资料计算整理。

表 3－2　经济增长与资本、劳动投入及统计调查制度变迁的相关系数矩阵

	$\ln Y$	$\ln L$	$\ln K$	D_1	D_2
$\ln Y$	1.00	0.997	0.98	0.85	0.88
$\ln L$	0.997	1.00	0.96	0.83	0.89
$\ln K$	0.98	0.96	1.00	0.88	0.88
D_1	0.85	0.83	0.88	1.00	0.81
D_2	0.88	0.89	0.88	0.81	1.00

表 3－3　1952—2009 年统计管理体制改革前后 GDP 数据回归系数表

变量	系数	估计标准差	t－统计量	概率
C	－1.839777	0.902571	－2.038375	0.0465
$\ln K$	0.525250	0.018670	28.13357	0.0000
$\ln L$	0.575124	0.096549	5.956797	0.0000
D_1	0.085531	0.040639	2.104665	0.0401
D_2	－0.104767	0.043162	－2.427296	0.0186

表 3－4　1952—2009 年统计管理体制改革前后 GDP 数据回归模型总结表

指标	数值	指标	数值
R^2	0.9973	因变量均值	8.5029
修正 R^2	0.9971	因变量标准差	1.3259
回归估计标准误	0.0718	AIC	－2.3488
残差平方和	0.2729	SC	－2.1712
对数似然	73.1147	F－统计量	4852.188
杜宾—瓦特森统计量	1.7521	概率（F－统计量）	0.0000

二、中国统计调查核算制度变迁与经济增长

（一）中国统计调查制度变迁与经济增长的关系

对新中国成立后中国统计调查制度的变迁与经济增长的进程初步分析，我认为，在统计调查制度发挥积极的作用时，经济增长的进程是加快的，而在统计调查制度难以发挥作用时，经济增长是缓慢的，所以得出一个基本结论：统计调查制度与经济增长的关系是密切的，存在互相影响的关系。

为了更好地研究统计调查制度改革与中国经济增长的关系，本部分依据1952年到2009年统计调查制度改革与中国经济增长的实际统计资料，分析统计调查制度与经济增长之间的数量关系，运用回归分析方法，用GDP增长数据作为经济增长的度量，用GDP取自然对数的结果反映经济增长，用 $\ln Y$ 来表示；分别取资本形成总额和从业人员数的对数值作为资本和劳动投入，用 $\ln K$ 和 $\ln L$ 表示。

根据中国统计调查制度的主要变迁历程，我认为，统计调查制度有3次主要的变迁，因而将统计调查制度变迁分设为3个虚拟变量 D_1，D_2，D_3，其取值为每次制度变迁之前为0，变迁之后为1，其取值具体情况如下：

$$D_1=\begin{cases}0 & \text{1978 年及以前（统计调查制度体系未确定）}\\1 & \text{1979 年以后（统计调查制度体系已确定）}\end{cases}$$

$$D_2=\begin{cases}0 & \text{1994年及以前(未建立国家普查制度改革统计调查体系)}\\1 & \text{1994年以后(已建立国家普查制度改革统计调查体系)}\end{cases}$$

$$D_3=\begin{cases}0 & \text{1996 年及以前（统计法修订前）}\\1 & \text{1996 年以后（统计法修订后）}\end{cases}$$

建立回归模型为：

$$\ln Y=\beta_0+\beta_1\ln K+\beta_2\ln L+\alpha_1 D_1+\alpha_2 D_2+\alpha_3 D_3+u$$

根据中国统计年鉴及新中国50年统计资料整理上述统

计制度变量及其他变量数据（见表3－5），运用定量分析方法，分析统计调查制度变迁与经济增长的相关关系与因果关系，进一步对制度变迁对经济增长的内在推动进行实证分析与检验。

根据表3－5数据资料，运用计量分析方法，借助经济学软件Eviews进行多元线性相关分析与回归分析计算，得到统计调查制度变量与经济增长变量间相关系数矩阵（见表3－6）。

统计调查制度变量与经济增长变量间相关系数矩阵数据分析结果表明经济增长与统计调查制度变迁存在显著的线性相关关系，以经济增长为研究变量、以统计调查制度、资本与人力投入为影响因素进行多元线性回归分析，得到Eviews计算处理的回归分析结果（见表3－7和表3－8）。

回归方程估计结果总结如下：

$$\ln Y = -7.39 + 0.29\ln K + 1.26\ln L + 0.16D_1 + 0.22D_2 + 0.26D_3$$

	(1.4)	(0.04)	(0.16)	(0.05)	(0.06)	(0.06)
t	5.27	7.7	8.0	3.1	3.8	4.3

$R^2 = 0.995$ $F = 2227.614$ $n = 56$

多元回归分析结果表明：在1952年到2009年这一时期，统计调查制度变迁与经济增长具有显著的线性正相关关系，统计调查制度变迁历程中伴随着经济增长，而经济增长又必然要求有新的统计调查制度体系与其相适应，也再一次证明了合理的统计调查制度变迁对经济增长会产生积极影响。因此，统计调查制度改革必须适应经济的增长，经济增长必须要有合理的统计调查制度体系，才能实现健康的良性循环。如果统计调查制度不适应经济增长的需要，那么统计调查活动的结果将与实际结果存在着难以测算的差距，决策的偏差就不可避免的产生，那么解决当前统计调查制度体系存在的问题，明确适应经济增长需要的统计调查制度发展变迁的趋势，是我们要研究的另一相关内容。

表 3-5　　1952—2009 年 GDP 数据及统计调查制度变迁变量

年份	D_1	D_2	D_3	$\ln Y$	$\ln K$	$\ln L$
1952	0	0	0	6.52	5.04	9.94
1953	0	0	0	6.67	5.29	9.97
1954	0	0	0	6.71	5.42	9.99
1955	0	0	0	6.77	5.40	10.01
1956	0	0	0	6.91	5.55	10.04
1957	0	0	0	6.96	5.63	10.08
1958	0	0	0	7.16	6.07	10.19
1959	0	0	0	7.24	6.43	10.17
1960	0	0	0	7.24	6.35	10.16
1961	0	0	0	6.92	5.62	10.15
1962	0	0	0	6.86	5.18	10.16
1963	0	0	0	6.96	5.58	10.19
1964	0	0	0	7.13	5.86	10.23
1965	0	0	0	7.28	6.14	10.26
1966	0	0	0	7.38	6.35	10.30
1967	0	0	0	7.33	6.05	10.34
1968	0	0	0	7.28	6.07	10.37
1969	0	0	0	7.44	6.19	10.41
1970	0	0	0	7.62	6.61	10.45
1971	0	0	0	7.68	6.71	10.48
1972	0	0	0	7.72	6.67	10.49
1973	0	0	0	7.80	6.81	10.51
1974	0	0	0	7.82	6.84	10.53
1975	0	0	0	7.90	6.97	10.55

续表

年份	D_1	D_2	D_3	$\ln Y$	$\ln K$	$\ln L$
1976	0	0	0	7.89	6.90	10.57
1977	0	0	0	7.96	7.00	10.58
1978	0	0	0	8.07	7.23	10.60
1979	1	0	0	8.14	7.30	10.62
1980	1	0	0	8.22	7.38	10.65
1981	1	0	0	8.27	7.40	10.69
1982	1	0	0	8.36	7.49	10.72
1983	1	0	0	8.46	7.62	10.75
1984	1	0	0	8.60	7.83	10.78
1985	1	0	0	8.73	8.15	10.82
1986	1	0	0	8.81	8.28	10.85
1987	1	0	0	8.92	8.40	10.87
1988	1	0	0	9.03	8.65	10.90
1989	1	0	0	9.07	8.75	10.92
1990	1	0	0	9.11	8.82	11.08
1991	1	0	0	9.20	8.97	11.09
1992	1	0	0	9.33	9.22	11.10
1993	1	0	0	9.46	9.66	11.11
1994	1	0	0	9.58	9.92	11.12
1995	1	0	0	9.69	10.15	11.13
1996	1	0	0	9.78	10.27	11.14
1997	1	1	0	9.87	10.31	11.15
1998	1	1	0	9.95	10.35	11.17
1999	1	1	0	10.02	10.40	11.18
2000	1	1	0	10.10	10.46	11.19
2001	1	1	0	10.18	10.59	11.20
2002	1	1	0	10.27	10.73	11.21
2003	1	1	0	10.36	10.93	11.22

续表

年份	D_1	D_2	D_3	$\ln Y$	$\ln K$	$\ln L$
2004	1	1	1	10.46	11.14	11.23
2005	1	1	1	10.57	11.26	11.24
2006	1	1	1	10.68	11.44	11.24
2007	1	1	1	10.82	11.62	11.25
2008	1	1	1	10.91	11.84	11.26
2009	1	1	1	11.00	12.01	11.26

资料来源：根据《中国统计年鉴》资料计算整理。

表 3-6　经济增长与资本、劳动投入及统计调查制度变迁的相关系数矩阵

	$\ln Y$	$\ln L$	$\ln K$	D_1	D_2	D_3
$\ln Y$	1.00	0.98	0.99	0.85	0.76	0.54
$\ln L$	0.98	1.00	0.97	0.87	0.65	0.42
$\ln K$	0.99	0.97	1.00	0.83	0.77	0.55
D_1	0.85	0.87	0.83	1.00	0.49	0.29
D_2	0.76	0.65	0.77	0.49	1.00	0.60
D_3	0.54	0.42	0.55	0.29	0.60	1.00

表 3-7　1952—2009 年统计调查制度改革前后 GDP 数据回归系数表

变量	系数	估计标准差	t-统计量	概率
C	-7.393992	1.403028	-5.270026	0.0000
$\ln K$	0.298928	0.038817	7.700934	0.0000
$\ln L$	1.255920	0.156516	8.024206	0.0000
D_1	0.160102	0.052459	3.051925	0.0036
D_2	0.223090	0.058712	3.799734	0.0004
D_3	0.259516	0.060356	4.299789	0.0001

表 3-8　1952—2009 年统计调查制度改革前后 GDP 数据回归模型总结表

指标	数值	指标	数值
样本决定系数	0.9955	因变量均值	8.5711
修正样本决定系数	0.9951	因变量标准差	1.2980
回归估计标准误	0.0911	赤池信息准则	-1.8548
残差平方和	0.4141	贝叶斯信息准则	-1.6378
对数似然	57.9353	F-统计量	2227.61
杜宾—瓦特森统计量	1.8735	概率（F-统计量）	0.000000

（二）中国统计核算制度变迁与经济增长的关系

通过对新中国统计核算制度及其体系的变迁历程分析，对照中国经济增长进程中的几个阶段，我们发现，经济增长过程中统计核算制度不断变迁，而统计核算制度发展变迁也伴随着经济增长，二者存在着共同发展变化的一致趋势。

为了更好地研究统计核算制度改革与中国经济增长的关系，依据 1978 年到 2009 年统计核算制度改革与中国经济增长的实际资料，运用回归分析方法，分析二者之间的数量关系，用 GDP（按 1978 年不变价格计算调整）增长的数据作为经济增长的度量，采取对 GDP 取自然对数的结果来反映经济增长，用 $\ln Y$ 来表示。

将统计核算制度变迁设为虚拟变量 D_1，取值为 0 说明统计核算制度变迁还没有发生，其作用还没有产生；取值为 1 说明统计核算制度变迁已经发生，其影响作用开始发挥。统计核算制度变迁取值具体情况如下：

$$D_1 = \begin{cases} 0 & \text{1992 年及以前（SNA 体系地位未确定）} \\ 1 & \text{1992 年以后（SNA 体系地位已确定）} \end{cases}$$

本部分运用计量经济分析方法，借助 Eviews 统计分析软件实现两方面的分析，第一，对变量 D_1、$\ln Y$ 进行平稳性检验，检验回归分析的适用性；第二，对两变量间协整关系进行检验，检验长期关系的存在性。

1. 数据平稳性检验

数据平稳是保证数据可使用回归分析方法的基本要求，如数据不平稳则会可能会产生“虚假回归”现象，所以有必要对数据的平稳性进行检验，平稳性检验应用扩展的迪基富勒单位根检验方法（ADF 检验方法），ADF 分析检验结果表明：两个时间序列数据都是非平稳的，序列 D_1、$\ln Y$ 都是一阶单整的，可记作 I（1），通过分析我们知道 D_1、$\ln Y$ 虽然都是非平稳的，但他们是同阶单整的（表 3－9），如果两者存在长期均衡稳定关系，那么也可以用回归分析，长期均衡稳定关系在统计关系表述上为变量间协整关系，因而可进行变量间协整关系分析。

表 3－9　　单位根检验

因变量	单位根检验统计量	1% 临界值*	－3.675
D（D_1，2）	－3.808	5% 临界值	－2.967
D（ln$Y$，2）	－3.6324	10% 临界值	－2.6220

注：＊表示拒绝存在一个单位根原假设的检验临界值。

2. 协整关系检验

协整检验的基本思想和目的是：如果两个或两个以上的时间序列变量是非平稳的，一般不能直接做回归分析，在判断协整关系存在的情况下，才可以应用回归分析方法，并能通过回归分析反映变量间的长期均衡关系。只要所有时间序列变量都是同阶单整的，而且变量间的某种线性关系组合是统计稳定的，则在统计上可认为这些变量之间存在着长期的稳定关系，即存在协整关系，协整关系可以看作是对经济学中所说的长期稳定关系的定量描述。对回归模型估计中的残差做 ADF 平稳性检验来实现协整关系检验，利用变量数据检验过程如下：

设定模型为

$\ln Y = \beta_0 + \beta_1 D_1 + u$

第一，使用 OLS 估计方法估计参数，运用 Eviews 软件分析数据，得到线性回归方程估计结果为：

$\ln Y = 8.68 \quad + 1.52D_1$

Se　　(0.12)　(0.16)

t　　75.23　　9.66

$R^2 = 0.76 \qquad F = 93.22$

第二，对 OLS 估计后的残差进行单位根检验，如果单位根检验表明残差是平稳的，则可认为变量间存在协整关系，即变量间具有长期均衡稳定关系。对回归模型估计，得到残差序列，进行 ADF 检验，ADF 检验结果表明残差序列是平稳的（见表 3－10），因而 $\ln Y$ 与 D_1 存在协整关系，即经济增长与统计核算制度变迁存在长期均衡稳定关系，线性回归分析方法具有有效性、可行性。

表 3－10　　　　协整关系检验表

指　　标	数　　值
1% 临界值*	－3.6752
5% 临界值	－2.9665
10% 临界值	－2.6220
残差单位根检验统计量	－3.6247

计量分析结果表明：在 1978 年到 2009 年这一时期，统计核算制度变迁与经济增长具有显著的正向线性相关关系，而且这种关系是长期均衡稳定的，统计核算制度变迁历程中

伴随着经济发展和经济增长，而经济增长又必然要求有新的统计核算制度体系与其相适应，也进一步从实证分析角度充分证明了合理的统计核算制度变迁对经济增长会产生积极影响，所以有效的统计核算制度创新必然会推动经济的又一轮增长。

三、中国统计法律制度变迁与经济增长

在理论上，中国统计法律制度变迁与经济增长必然相关，在实际上，二者相关的情况如何呢，为了更好的研究统计法律制度变迁与中国经济增长的关系，本部分依据1978年到2009年实际资料，运用回归分析方法分析二者之间的数量关系，统计法律制度与经济增长对应指标的选择为：

（一）统计法律制度变迁指标的选择及量化

由于制度本身是个难于度量的因素，而统计法律制度的变迁也很难量化，所以在对统计法律制度变迁指标的研究选择上，考虑可行性、合理性、可操作性，我们分析了1978年以后统计法律制度变迁的几个历史阶段，并就各历史阶段设置相应的虚拟变量，虚拟变量取值为1表示统计法律制度变迁已经发生，变迁的作用开始显现，统计法律制度变迁阶段及变量设置即为：

第一阶段，1963年到1983年。这期间唯一的国家统计法规为1963年国务院第127次全体会议正式通过发布的《统计工作试行条例》。

第二阶段，1984年到1996年。1983年第六届全国人大常委会第三次会议召开，会议审议通过《中华人民共和国统计法》，并于1984年1月1日起施行。设定政策变量 D_1（1984年以前取值0，1984年及以后取值1）。

第三阶段，1996 年到 2006 年。1996 年全国人大常委会审议通过《关于修改〈中华人民共和国统计法〉的决定》，并于公布之日起施行。设定政策变量 D_2（1996 年以前取值 0，1996 年及以后取值 1）。

第四阶段，2006 年到 2009 年。2005 年国务院发布《关于修改〈中华人民共和国统计法实施细则〉的决定》，并于 2006 年 1 月 1 日起施行。设定政策变量 D_3（2006 年以前取值 0，2006 年及以后取值 1）。

（二）经济增长指标的选择及量化

经济增长代表的是一国潜在的国内生产总值（GDP）或国民产出的增加。也可以说，当一国生产可能性边界向外移动时，就是实现了经济增长。作为衡量一国经济增长最具有代表性的指标应该是 GDP 的增长，由于统计法律制度显著变迁发生在改革开放以后，因此选取 1978 年到 2009 年的 GDP 的增长（按 1978 年不变价，据统计年鉴数据计算）反映经济增长，数学上采取对 GDP 取对数方式处理，用变量名 *GDPQPI* 表示。

（三）统计法律制度变迁与经济增长关系实证分析

本部分利用实际观测数据，应用最小二乘方法，运用 Eviews 软件进行四方面的数据分析，第一，对 5 个时间序列变量数据 D_1、D_2、D_3、*GDPQP* 和 *GDPQPI* 分别进行平稳性检验；第二，对 *GDPQPI* 与其他变量间是否存在协整关系进行检验；第三，对变量间因果关系进行分析；第四，建立 logit 二元选择模型，并对参数结果进行估计。

1. 数据平稳性检验

运用 ADF 检验方法进行平稳性检验，检验结果表明，五个时间序列数据都是非平稳的，其中 D_1、D_2、D_3 和 *GD-*

PQPI 都是一阶单整的，记作 *I*（1）；*GDPQP* 是二阶单整的记作 *I*（2）（见表 3－11）。通过平稳性分析我们知道，时间序列变量 D_1、D_2、D_3 和 *GDPQPI* 虽然是非平稳的，但在 1% 的统计显著性水平下，四个变量却是同阶单整的，因此可以分析变量间是否存在长期均衡稳定关系。

表 3－11　　单位根检验表

指　标	数　值
1% 临界值*	－3.6752
5% 临界值	－2.9665
10% 临界值	－2.6220
D（D_1，2）单位根检验统计量	－3.8079
D（D_2，2）单位根检验统计量	－3.8079
D（D_3，2）单位根检验统计量	－3.8079
D（*GDPQPI*，2）单位根检验统计量	－3.9061
1% 临界值*	－3.6852
5% 临界值	－2.9705
10% 临界值	－2.6242
D（*GDPQP*，3）单位根检验统计量	－3.9061

* 拒绝存在一个单位根原假设的检验临界值。

2. 协整关系存在性检验

首先，运用普通最小二乘法对线性回归模型进行参数估计，计算经济增长的预测值，并与经济增长实际值做差，获得残差变量值；然后，运用 ADF 检验方法对残差变量平稳性进行检验，检验协整关系是否存在。利用变量实际观测数据，应用 Eviews 统计分析软件分析计算，协整关系检验主要过程结果如下：

设定模型为

$$GDPQPI = \beta_0 + \beta_1 D_1 + \beta_2 D_2 + \beta_3 D_3 + u$$

第一，用普通最小二乘估计方法（OLS）估计参数，得到估计方程及检验结果为：

$$GDPQPI = 347.02 + 788.48D_1 + 1737.47D_2 + 2645.34D_3$$

Se	(351.58)	(413.70)	(330.670)	(517.51)
t	(0.99)	(1.91)	(5.25)	(5.11)

$R^2 = 0.80$　　$F = 31.82$　　DW = 0.623820

杜宾瓦特森检验（DW 检验）结果表明模型中存在自相关，并由 T 统计检验发现变量 D_1 对 *GDPQPI* 的影响不显著，所以对模型进一步改进，运用布劳殊 - 戈弗雷自相关检验（Breusch - Godfrey Serial Correlation LM 检验）方法进行检验，发现因变量 *GDPQPI* 的变动中含有一个一阶自回归过程，即 *AR*（1）过程，加入 *AR*（1）重新估计方程，结果表明变量 D_2 对 *GDPQPI* 的影响不显著，因此，在原多元回归模型中剔除 D_2，重新修改后的回归模型设定形式为：

$$GDPQPI = \alpha_0 + \alpha_3 D_3 + \gamma_1 AR(1) + u$$

经过计量分析检验，原回归方程不存在一阶自相关，不存在异方差，估计结果理想，所以将 OLS 估计结果总结如下：

$$GDPQPI = 6987.95 + 1197.43D_3 + 0.98AR(1)$$

se	(14225.56)	(491.34)	(0.06)
t	(0.49)	(2.44)	(15.47)

$R^2 = 0.94$　　$F = 208.03$　　DW = 1.65

第二，对 OLS 估计后的残差进行单位根检验，如果单位根检验残差是平稳的，则变量间具有长期稳定关系，可以直接应用线性回归。结果定义变量 e = resid（resid 为估计后的残差），并对 e 进行平稳性检验，运算分析结果表明残差是平稳的，即 *GDPQPI* 与 D_3 存在协整关系，也就是经济增长与统计法律制度变迁存在长期均衡稳定关系（见表 3 - 12）。

表 3 - 12　　协整关系检验表

指　　标	数　　值
1% 临界值*	-3.6852
5% 临界值	-2.9705
10% 临界值	-2.6242
残差单位根检验统计量	-4.8146

3. 因果关系检验

由于前面的分析结果表明 *GDPQPI* 与 D_3 存在协整关系，进而进行 Granger 因果关系检验，建立 *GDPQPI* 与 D_3 之间的因果关系检验模型：

$$GDPQPI_t = \alpha + \sum_{i=1}^{n} a_i GDPQPI_{t-i} + \sum_{i=1}^{n} b_i D_{3(t-i)}$$

$$D_{3t} = \beta + \sum_{i=1}^{n} c_i D_{3(t-i)} + \sum_{i=1}^{n} d_i GDPQPI_{t-i}$$

若约束 $b_1 = b_2 = \cdots = b_n = 0$，则说明 D_3 不是 *GDPQPI* 的 Granger 原因，反之则说明 D_3 是 *GDPQPI* 的 Granger 原因，同理也可以对 *GDPQPI* 是不是 D_3 的原因进行同样判断，统计上构造了由有约束方程和无约束方程的残差平方和及其自由度相联系的 F 统计量，当 F 统计量发生的概率小时，拒绝不是 Granger 原因的原假设，分析结果（见表 3 - 13）表明，*GDPQPI* 与 D_3 存在互为因果的关系，也就是经济增长与统计法律制度变迁在统计上存在互为因果的关系，是相互影响的。

表 3 - 13　　双向因果关系检验表

原假设：	滞后	观察值数	F - 统计量	概率
D_3 不是 *GDPQPI* 的格兰杰原因	1	30	14.3340	0.00078
GDPQPI 不是 D_3 的格兰杰原因	1	30	11.0145	0.00259
D_3 不是 *GDPQPI* 的格兰杰原因	2	29	26.5258	8.3E - 07
GDPQPI 不是 D_3 的格兰杰原因	2	29	6.13986	0.00702

4. 建立 Logit 二元选择模型反映 GDP 增长对统计法变迁概率的影响。要反映对统计法变迁的影响，由于 D_3 是一个虚拟变量，所以以 D_3 作为因变量，如果用线性回归模型则不能用 OLS 法估计参数，因而运用二元选择模型来进行分析，在分析中使用 Logit 模型，估计 Logit 方程为：

$$p_i = \frac{1}{1 - e^{-(-20.76 + 0.004GDPQPI)}}$$

麦克法登决定系数 = 0.79　方程整体显著性检验值概率 = 0.00008

Logit 回归估计结果表明：*GDPQPI* 增加，也就是经济增长，将使统计法律制度变迁的概率初期减小，后期增大，在 *GDPQPI* 值增大过程中，统计法律制度变迁的概率将以 1 为渐近线。

（四）结论

1. 统计法律制度的变迁推动了经济增长

线性回归分析结果表明统计法作为一项强制性统计制度，他的变迁是经济增长的影响因素之一，这一分析结论说明将制度作为增长的要素是符合理论的，更是与实际情况相符的，因此积极推进统计法律制度及相关统计制度的创新，将为经济增长提供内在动力。

2. 经济增长增加了统计法律制度的变迁概率

因果分析及 Logit 二元选择模型表明，经济增长有效推动统计法律制度的变迁，说明统计法律制度的变迁是经济增长的结果，经济增长到一定程度必然会带来各项社会制度、统计制度及统计法律制度的变迁。

3. 制度是内生于经济增长的

因果分析表明，经济增长与统计法律制度的变迁是互为因果，两者都是经济系统的内生变量，因为两者的变化影响经济系统整体变化，而经济系统变化反过来也影响两变量的变化，因此经济增长的统计制度内生性是被实证支持的。

第三节

中国统计制度变迁的趋势

中国统计制度经过了数千年的历史变迁。新中国成立后，中国统计制度变迁的速度加快，尤其是改革开放后变迁的广度与深度更是令人瞩目。未来政治经济改革进程还将不断向前推进，而统计制度也将沿着一定的轨迹继续变迁，形成一定的规律。

一、中国统计管理体制变迁的趋势

第一，中国统计管理体制变迁中首先考虑的是统计管理的责、权、利关系。在赋予统计参与者权、利的同时，必须保证其责任与权、利关系配比得当。一方面避免有权、有利，少责或无责状况，另一方面避免超越权限的责任或无限责任的状况，所以，统计管理体制变迁应首先调整、设计统计活动参与者责、权、利具体的规范体系。

第二，统计管理体制变迁以统计资源有效配置为核心。未来管理的一个重要问题就是管理资源有限，统计管理也一样受到人、财、物等统计资源有限的制约。在资源有限的情况下，统计管理体制的变迁就要以资源配置不断优化为核心，实现资源效用最大化。

二、中国统计调查核算制度变迁的趋势

第一，统计调查制度变迁将突出重点，以周期性普查制度变迁为基础，重点加强和完善经常性抽样调查制度。中国普查制度的变迁最显著的是其合法地位的确立，也就是以法的形式界定普查制度的地位、普查内容、普查项目、利益相关主体权责利关系。出于节约成本的考虑，抽样调查制度重要地位要予以确立，并调整变迁以适应社会经济发展对政府统计工作的要求，主要对经常性抽样调查实施的范围、对象、项目和时间等方面做出相应的调整。

第二，统计报表制度变迁将力求达到满足需要情况下的节省原则。中国调查制度是以统计报表制度体系展现的，统计报表制度众多，存在统计交叉重复，存在资源的浪费，同时存在统计报表制度体系不完整，存在统计遗漏，未来统计报表制度将在节省原则下调整变迁。

第三，统计核算制度设计与实施系统化，科学化。计划经济体制向市场经济体制转变过程中，统计面临的社会经济环境急剧变化，因而统计核算制度体系也发生了重大改变，未来统计核算制度将向核算制度体系系统化、科学化方向发展。

三、中国统计法律制度变迁的趋势

法律制度是调整社会关系的规范，统计法律制度调整的是所有统计活动参与者之间的关系。统计法律制度变迁以统计活动的参与者之间关系协调为主要目的，变迁中就会涉及统计机构领导者与工作人员、政府管理人员、企事业单位和居民多方关系的调整。统计法律制度变迁一方面需要对统计

活动参与者行为做出完整的统计法律规范，另一方面，要对统计法律规范实施有效监督，并对违反统计法律的行为按统计法律规范处罚。总的来说，中国统计法律制度应向制度体系更加完整、违法即罚且同一违法行为处罚客观标准一致，统计法律监督执行权力实现独立、有效方向变迁。

综合分析各项统计制度变迁的趋势，我认为中国统计制度总体变迁趋势主要表现为：

（一）以提高经济社会生产能力为基础

统计制度变迁从来不能脱离社会生产单独进行，而是以社会经济发展为主导进行的，这主要反映在：

第一，统计制度向多元化、具体化发展。改革开放后，公有制"一家独大"的情况被改变，多种所有制形式并存，而且所有制结构在不断调整中，统计信息需求多元化、更细分，统计技术也在改革提高，经济体制变革下的统计制度，需要保证统计信息多元化、具体化，对统计制度的需求也将更广泛、更具体，因而统计制度的变迁呈现出多元化、具体化的态势。

第二，统计制度变迁与社会经济管理相适应。随着社会经济的发展，现代政府、部门、企业的高效管理都离不开统计信息，未来各方管理面临更复杂状态，更依赖精准的统计信息做出决策，统计制度的调整离不开各方利益的博弈，博弈的结果与社会经济管理协调一致。

第三，统计制度变迁过程中，统计活动参与者起的作用将越来越大。市场经济发展完善过程中，市场主体由于其知识结构、技术水平、社会意识等方面会有很大的改变与提高，对统计制度变迁过程参与的程度明显增强，对统计制度变迁的有效作用增强。

（二）以提高统计能力为目标

当前及未来很长时期内，提高统计能力问题都将是各国统计发展重点关注的，当前国际组织建立了多个有关统计能力的测评体系，在测评体系的发展与调整过程中，以提高统计能力为目标的统计制度变迁显然是符合发展规律的。

第一，统计制度变迁以提高政府统计数据质量为目标。统计数据质量不仅是中国各界人士关注的问题，也是世界各国普遍关注和质疑的问题，解决数据质量问题必须解决根本性的制度根源，所以未来统计制度变迁的发生将以提高统计数据质量为目标，提高统计工作的效率，提供准确、快捷、便利的统计数据资料。

第二，统计制度变迁以有利于统计方法技术创新的方式展开。2009 年《统计法》总则第二条规定："统计的基本任务是对社会发展情况进行统计调查、统计分析，提供统计资料和统计咨询意见，实行统计监督。"高质量、高效率地完成统计基本任务的前提，是统计制度的有效安排，即将各种资源合理配置，并将先进的统计方法应用于实际调查研究中，并激励统计方法技术不断被创新。因此，统计制度变迁的发生会推动统计方法技术的创新，也会推动统计信息传输技术等其他技术的创新。

第三，统计制度变迁以加强统计独立性为一项重要任务。统计独立性是指统计活动参与者在进行统计活动时，具有法定的独立权，按统计规范参与统计活动，受法律保护。提高统计独立性是统计发展的一个必然选择，而提高统计独立性要通过统计制度的变迁来完成，推动统计法律制度创新及变迁显得极为重要，因而未来统计制度变迁的趋势之一是提高统计制度的法律地位，提高统计法律制度的实施效率。

（三）由单一制度变迁向多项制度系统变迁转变

制度变迁离不开人为设计，由于设计者个人存在信息不完全性、有限理性和出于自利的考虑，制度设计与实施过程中往往是个人或其代表的集团的利益最大化的实现过程，统计制度的设计与实施也会存在这样的情况，而且可能存在统计制度设计的行业垄断，造成制度设计时往往是彼此孤立的，互相矛盾的。随着科学技术水平日新月异，现代社会经济的快速发展，个人的知识结构不断完善，信息渠道更加畅通，个人社会意识发生改变，集体意识发挥更大作用，必将使统计制度变迁的条件发生极大改变，因此未来统计制度变迁将会打破单一变迁或孤立变迁的状态，形成多项统计制度配合变迁的发展态势。

（四）更多考虑变迁成本

任何制度设计与实施都存在着成本，分析制度变迁成本时要考虑新制度的设计与实施成本，还要考虑新旧制度成本的差额。统计制度变迁也一样存在着变迁成本，以往对统计制度变迁的成本问题考虑较少，是因为变迁成本难于计量，随着统计技术方法不断创新，制度变迁成本函数相关研究不断增多，统计制度变迁的成本可能在经济成本上做出估算，因此，统计制度变迁成本必然是未来中国统计制度变迁重点考虑的一个因素，统计制度变迁成本测算也将是一个研究课题。

第四节

中国各项统计制度之间变迁关系研究

各项统计制度并不是独立发挥作用的，而是相互作用、相互补充的。如果各项统计制度之间是互相促进发展变迁的，则统计制度体系是相对协调的，对社会经济发展及统计制度体系自身发展都是有利的；如果各项统计制度之间存在变迁矛盾与冲突，则统计制度体系内是非协调的。本部分借助回归分析定量分析方法，分析中国统计管理体制变迁、中国统计调查核算制度变迁和中国统计法律制度变迁的关系，来展现统计制度之间变迁数量关系规律。

一、中国统计管理体制变迁与中国统计调查核算制度变迁

经过考查，我发现中国统计管理体制变迁的历程与统计调查核算制度变迁的历程具有较高的一致性，相对而言，统计调查核算制度变迁要先于统计管理制度变迁。

为了更好地分析中国统计管理体制变迁与统计调查核算制度变迁之间的数量关系，我将统计管理体制变迁与统计调查核算制度变迁从1949年到2009年按照发生一次累加一次的方法计量，统计管理体制变迁历程用变量M表示，统计调查核算制度变迁历程用变量I表示，运用Eview软件计算，得到二者的数量关系分析结果（见表3－14和表3－15）。

表 3－14　管理体制变迁与调查核算制度变迁数量关系回归系数表

变量	系数	估计标准差	t－统计量	概率
C	5.068098	1.222083	4.147098	0.0001
I	0.451195	0.138035	3.268710	0.0018

表 3－15　管理体制变迁与调查核算制度变迁数量关系回归模型总结表

指标	数值	指标	数值
样本决定系数	0.976546	因变量均值	5.983333
修正样本决定系数	0.975723	因变量标准差	1.995687
回归估计标准误	0.310948	赤池信息准则	0.550323
残差平方和	5.511243	贝叶斯信息准则	0.655040
对数似然	－13.50968	F－统计量	1186.657
杜宾—瓦特森统计量	1.667969	概率（F－统计量）	0.000000

现代中国统计管理体制变迁与统计调查核算制度变迁的关系可表述为：

$M = 5.07 + 0.45I$

$t \quad 4.14 \qquad 3.27$

$R^2 = 0.98 \quad F = 1186$

回归分析结果表明，统计管理体制变迁与统计调查核算制度变迁确实存在显著的相关关系，平均来讲与统计调查制度变迁相关的统计管理体制变迁约占一半，所以二者存在着共变、共生关系。因此，在制度创新过程中要注意二者的联动关系。

二、中国统计法律制度变迁与中国统计调查核算制度变迁

经过中国统计法律制度变迁的历程与统计调查核算制度

变迁的历程细致考查，我们发现两者的变迁具有一定程度的一致性，但相较而言，统计法律制度变迁要迟于统计调查核算制度变迁，但变迁速度却快于统计调查核算制度变迁。

为了更好地分析两者之间的数量关系，我将统计法律制度变迁与统计调查核算制度变迁从1949年到2009年按照发生一次累加一次的方法计量，统计法律制度变迁历程用 L 表示，统计调查核算制度变迁历程仍用 I 表示，二者的数量关系分析结果见表3-16和表3-17。

二者的关系还可以表述为：

$L = -1.51 + 0.78I$

$t \quad -8.41 \quad 20.91$

$R^2 = 0.88 \quad F = 437$

表3-16 法律制度变迁与调查核算制度变迁数量关系回归系数表

变量	系数	估计标准差	t-统计量	概率
C	-1.505812	0.179099	-8.407683	0.0000
I	0.784357	0.037506	20.91308	0.0000

表3-17 法律制度变迁与调查核算制度变迁数量关系回归模型总结表

指标	数值	指标	数值
样本决定系数	0.881134	因变量均值	1.901639
修正样本决定系数	0.879119	因变量标准差	1.670378
回归估计标准误	0.580756	赤池信息准则	1.783264
残差平方和	19.89936	贝叶斯信息准则	1.852473
对数似然	-52.38956	F-统计量	437.3568
杜宾—瓦特森统计量	0.408183	概率（F-统计量）	0.000000

分析结果表明，统计法律制度变迁与统计调查核算制度变迁确实存在较强的相关关系，平均来讲，与统计调查制度

变迁相关的统计法律制度变迁占四分之三以上。

三、中国统计管理体制变迁与中国统计法律制度变迁

经过中国统计管理体制变迁的历程与统计法律制度变迁的历程考查，我发现两者的变迁具有较高的一致性，相对而言，统计管理体制变迁要先于法律制度变迁。

为了具体分析两者的数量关系，我将统计管理体制变迁与统计法律制度变迁从1949年到2009年按照发生一次累加一次的方法计量，统计管理体制变迁历程用 *M* 表示，统计法律制度变迁历程仍用 *L* 表示，二者的数量关系分析结果见表3－18和表3－19。

表3－18　管理体制变迁与法律制度变迁数量关系回归系数表

变量	系数	估计标准差	t－统计量	概率
C	6.708980	1.042431	6.435901	0.0000
L	0.322281	0.135577	2.377104	0.0208

表3－19　管理体制变迁与法律制度变迁数量关系回归模型总结表

指标	数值	指标	数值
样本决定系数	0.974695	因变量均值	5.983333
修正样本决定系数	0.973807	因变量标准差	1.995687
回归估计标准误	0.322989	赤池信息准则	0.626312
残差平方和	5.946363	贝叶斯信息准则	0.731030
对数似然	－15.78937	F－统计量	1097.739
杜宾一瓦特森统计量	1.708941	概率（F－统计量）	0.000000

现代中国统计管理体制变迁与统计法律制度变迁的关系可表述如下：

$M = 6.71 + 0.32I$

$t \quad 6.44 \quad 2.38$

$R^2 = 0.97 \quad F = 1098$

定量分析结果表明，统计管理体制变迁与统计法律制度变迁确实存在显著的相关关系，平均来讲与统计法律制度变迁相关的统计管理体制变迁约占三分之一。

第五节 中国统计制度变迁与其他法律制度关系研究

中国统计制度变迁在中国法律体系框架下发生，理论上与其他法律制度是相互协调、配合关系。根据 2011 年 10 月 27 日国务院新闻办公室发表《中国特色社会主义法律体系》白皮书，中国特色社会主义法律体系，是以宪法为统帅，以法律为主干，以行政法规、地方性法规为重要组成部分，由宪法相关法、民法商法、行政法、经济法、社会法、刑法、诉讼与非诉讼程序法等多个法律组成的有机统一整体。我们通过对部门法的分析来研究统计制度变迁与各部门法律的关系。

一、中国统计制度变迁与宪法

《中华人民共和国宪法》是中华人民共和国的根本大法，拥有最高法律效力，是中国一切其他法律制度的基础。中国于 1954 年、1975 年、1978 年和 1982 年先后制定、颁布了四部《中华人民共和国宪法》，现行的第四部宪法是

1982年由第五届全国人民代表大会通过，经过了1988年、1993年、1999年和2004年四次修订。

中国统计制度变迁是在遵守宪法前提下进行的，统计制度变迁，尤其是统计法律制度的变迁是随着宪法的制定实施进行的，同时，统计制度变迁也为宪法修订信息统计工作的展开提供了制度保障。统计制度变迁的需求往往先于宪法改革的需求，这符合处于制度中低层的制度变迁更快、更容易的特征和根本制度的稳定性强的特征。

二、中国统计制度变迁与民商法、经济法、刑法

统计制度变迁应不违背平等、意思自治、诚实信用和公序良俗的民法商法基本原则，社会总体经济效益优先，兼顾社会各方利益公平的经济法基本原则和罪刑法定原则、罪刑相适应原则和适用法律一律平等原则法的刑法基本原则。统计制度变迁过程中涉及民商法、经济法、刑法的，按部门法解释，如统计活动侵犯隐私权行为，依法承担民事责任。再如中国《统计法》第四十七条①规定：“违反本法规定，构成犯罪的，依法追究刑事责任。”中国《刑法》第二百五十五条②规定：“公司、企业、事业单位、机关、团体的领导人，对依法履行职责、抵制违反会计法、统计法行为的会计、统计人员实行打击报复，情节恶劣的，处三年以下有期徒刑或者拘役。”因此，统计制度变迁与民法商法、经济法、刑法存在着事实上相互补充与相互协调关系。

① “中华人民共和国统计法”，http：//www. gov. cn/flfg/2009 - 06/27/content_1351870. htm。

② “中华人民共和国刑法”，http：//www. xyzlove. com/Transshipment/Law/zhrmghgxf/zhrmghgxf. htm。

三、中国统计制度变迁与行政法

行政法是指行政主体在行使行政职权和接受行政法制监督过程中而与行政相对人、行政法制监督主体之间发生的各种关系，以及行政主体内部发生的各种关系的法律规范的总称。由行政组织法、行政行为法、行政程序法、行政监督法和行政救济法等部分组成。主要是控制和规范行政权，保护行政相对人的合法权益。

统计法实际上是行政法的一种，是一个特别行政法，是规范统计管理活动的法律、法规，统计法调整的关系包括统计行政管理关系、统计行政法制监督关系、统计行政救济关系和统计内部行政关系。所以统计法律制度变迁依照行政法程序进行，而统计其他制度变迁以统计法律制度变迁为准绳，配比发生变迁。

四、中国统计制度变迁与社会法

社会法是劳动关系、社会保障和特殊群体权益保障等方面的法律规范。截至 2011 年 8 月底，中国已制定劳动法、社会保险法、残疾人保障法等 18 项社会法法律。社会法有助于维护社会公平，促进社会和谐，对统计制度有序、连续性变迁起到积极作用。统计制度作用的发挥也有助于掌握社会法作用发挥的程度，有助于社会法律体系的变革。

第四章
中国统计制度状况分析

中国市场经济体制的建立和完善，要求统计工作不断改革以适应社会经济发展需要。建立适应市场经济体制的统计制度体系是当前及未来统计工作顺利开展的前提和保障。

为了更好地建设中国统计制度，充分发挥统计的作用，必须了解统计制度的现实状况，明确存在的问题，查明引发问题的原因，进而解决问题。本章首先对中国统计制度现实状况进行分析，然后分析统计制度存在的问题并探究问题产生的原因，最后分析统计制度运行效率，为中国统计制度创新提供支持。作者认为：第一，中国目前的统计制度与以往的统计制度相比较是不断改进完善的。第二，当前统计制度体系还存在着许多问题，主要表现在统计制度与市场经济体制的不适应、统计制度供求关系失衡、各项统计制度之间存在局部不协调等方面。第三，中国统计制度存在的问题的主要原因有：市场经济体制的不完善、中国社会生产力发展水平有限、统计技术方法欠缺、民主法治建设不完善和社会公众对统计的社会意识不强等，根本原因还在于经济体制不完善。第四，每一项统计制度实施都会带来一定的社会效益，同时存在着运行成本，当效益高于成本时，我们认为制度可能是有效率的，当与其他同类统计制度比较具有较大收益或较小成本时，制度才是有效率的，当前中国统计制度效率是有待提高的。

第一节 中国统计制度现状分析

本部分主要分析中国统计管理体制现状、中国统计法律制度现状和中国统计调查核算制度现状。

一、中国统计管理体制现状分析

2009年第二次修订的中国《统计法》第三条规定：国家建立集中统一的统计系统，实行统一领导、分级负责的统计管理体制。[①] 根据中国统计管理体制的特点，我们认为目前中国统计管理体制是专业分散、地方半分散型统计管理体制。

目前中国国家统计管理组织体系由国家统计局及其派出的调查队、各级地方统计局和部门统计机构构成。中国政府

① 《中华人民共和国统计法》，中国法制出版社2009年版，第12页。

统计机构主要设置见图 4－1。

图 4－1　中国政府统计机构图

国家统计局作为国务院直属机构，主要职责有：

第一，负责各项统计制度的制定和组织协调全国统计工作。起草统计相关法律法规草案，制定各项统计工作规范，包括：政策、规划、基本制度、国家标准和部门规章等的制定；负责部门和地方调查统计项目审批，主要包括：拟定审批的统一标准，依法对部门统计项目、地方统计项目进行审批或者备案；组织协调各地区统计机构、各部门统计机构的统计工作，主要从方法、技术上进行指导，从制度上统一规范；负责统计数据质量的控制与审核，通过建立统计数据质量监控和评估制度来控制统计数据质量；① 是重大统计调查计划制定的主要负责机构，会同有关部门拟订重大国情国力普查计划、方案。

第二，组织管理全国统计调查与国民经济核算。组织实施全国及各地区国民经济核算，监督管理各地区国民经济核算工作；组织实施各类各行业统计调查，收集、汇总、整理、提供有关调查数据，综合整理全国性基本统计数据；组织实施全国重大国情国力普查，包括人口、经济、农业等普查资料的调查与整理，为政府管理部门和公众提供国情国力方面相关统计数据；组织实施统计国际交流合作项目、国际间统计资料交换和交流合作项目，负责收集、整理与发布国际统计数据；定期发布全国国民经济和社会发展情况的统计信息。②

第三，参与统计分析工作。利用收集的统计资料做出统计分析和预测，并进行统计监督，为中央政府及各机构部门提供信息和咨询；建立并管理国家统计信息自动化系统和统计数据库系统，指导地方统计信息化系统建设；负责审核、

① “国家统计局职能”，http：//www.stats.gov.cn/jgzn/2006_zhineng.htm。

② “国家统计局职能”，http：//www.stats.gov.cn/jgzn/2006_zhineng.htm。

监控和评估重要的统计数据，负责涉外统计调查活动的监督管理。

国家统计局在各省设立调查总队，在各市和887个县设立调查队，承担国家统计局布置的统计专门调查任务，国家统计局对调查总队有关统计业务、人员编制及干部任免、经费，垂直领导，统一管理。调查总队的设立反映了国家统计管理体制集中型的特征。

中国《统计法》规定县级以上各级地方政府设立独立统计机构，即地方政府统计局。乡镇政府设置统计工作岗位，配专职或兼职统计人员。国家统计局提供各级统计机构的统计事业费和人员编制费，地方政府提供基本建设投资经费和行政办公经费。国家统计局对地方统计局的管理是部分管理，因而体现为半分散型的统计管理特征。

国务院各部门均设立统计机构或配有统计人员，从事相关专业统计工作。国家统计局与国务院各部门统计机构的关系是统计业务上的指导关系，事实上体现的是专业分散型的统计管理特征。

二、中国统计调查核算制度现状分析

1. 中国统计调查制度现实状况

2009年中国《统计法》第二章第十一条至第十九条对统计调查管理框架进行了规范，提出以周期性普查为基础，以经常性抽样调查为主体，综合运用全面调查、重点调查等方法，并充分利用行政记录等资料的国家统计调查制度体系。①

目前中国统计调查制度体系主要表现为由全面调查制

① 《中华人民共和国统计法》，中国法制出版社2009年版，第5—9页。

度、非全面调查制度等调查制度规定的各类统计报表制度构成的体系。统计报表制度具有权威性和法规约束性，是对国家、部门和地方统计调查项目在统计指标体系设计、统计表选择、统计研究对象、统计调查范围、统计调查方法及调查频率等方面做出的统一规范。其主要内容涉及：

第一，国家统计报表制度。它是由国家统计局制定，或由国家统计局和国务院有关部门共同制定，各级政府统计部门实施国家统计调查项目的业务工作方案。国家统计报表制度安排中包含：周期性普查制度、经常性调查制度和非经常性调查制度。①

第二，部门统计报表制度。它是国务院各有关部门为完成部门统计调查项目工作制定的具体工作方案，依照国家统计局制定的“部门统计调查项目管理暂行办法”进行规范设计，并在调查中严格执行。部门统计报表制度一般要求在规定时间内实施完成，如果超过了规定的最后期限，部门报表制度常常就被废止了。

第三，地方统计报表制度。它是规范县与县以上地方政府机构及各部门的统计工作业务方案，在进行地方统计调查项目时执行。各省、市、自治区等地方统计报表制度在数量上存在的差距比较明显，通过比较各地区地方统计报表制度安排，我们发现在经济实力相对雄厚的地区，地方统计报表制度数量一般比较多，各个统计报表制度之间存在较好的配合关系。

目前，中国普查制度主要是对每 10 年进行一次的周期性人口普查、农业普查和每 5 年进行一次的周期性经济普查

---

① 非经常性调查制度是国家统计报表制度的一个类型，是由国家统计局制定，或由国家统计局与国务院其他部门共同制定，在一定时期内持续实施或一次性实施的专项调查、试点调查等临时性统计调查制度。

进行规范。现在实施的经常性调查制度有农林牧渔业统计调查制度、社会综合统计报表制度等30项行业调查或综合调查制度。

2. 中国统计核算制度现实状况

目前，中国已初步建立起与联合国国民账户体系（SNA）基本接轨的统计核算制度体系。目前中国统计核算制度体系主要内容包括：

（1）地区生产总值核算制度。地区生产总值核算制度是对地区生产总值核算做出的规范，用以保证各地区生产总值核算方法、内容、范围和标准等项目的准确性、一致性与可比性，确保地区生产总值数据客观、准确地反映国民经济发展的规模、经济结构等情况，为各级政府进行宏观管理提供可靠依据。

（2）投入产出核算制度。投入产出核算制度是对投入产出核算方法、范围等做出的规范，根据宏观经济管理与调控的需要，为经济综合平衡、结构调整、地区协调、发展计划的制定等提供客观依据。

（3）资金流量核算制度。资金流量核算制度是为了保障社会资金活动能够被全面系统地描述，对国民经济运行状况充分地认识，为宏观调控提供依据，规范资金流量核算内容、标准等。

（4）国民资产核算制度。国民资产核算制度是为了全面反映国民经济活动的总成果、总体经济实力，全面了解国民资产的规模、结构情况，为各级政府提供决策依据，对国民资产核算方法、口径等做出规范。

（5）国民经济账户制度。国民经济账户制度是为了对国民经济运行全过程有全面了解，并保证核算方法及数据资料与统计核算方法与统计范围的国际统计规范接轨，对国民经济账户的编制方法、表式等做出规范。

三、中国统计法律制度现状分析

中国现行统计法律制度是由国家在1983年颁布、并经过1996年和2009年两次修订的《中华人民共和国统计法》基础上发展而来的。以中国《统计法》为根本依据，国务院批准、发布了一系列统计行政法规，各地区、各部门分别制定并实施了一系列地方统计法规、部门统计行政法规和规范性文件，现形成了比较完整的统计法律制度体系。

1. 中国现行统计法律制度的四个层级

从统计法律制度约束的权威性、强度、广度来分析，中国现行统计法律制度可分为四个层级：

第一层级，由全国人大常委会制定的统计法律，在统计法律制度中具有最高的法律效力，中国目前唯一的一部统计法律是2009年6月27日修订公布的《中华人民共和国统计法》。

第二层级，由国务院批准、发布的统计行政法规，法律效力仅次于法律。如1987年制定、1996修订的《中华人民共和国统计法实施细则》，现行的《全国农业普查条例》等。

第三层级，由具有立法权的地方人民代表大会及其常务委员会制定的地方统计法规，法律效力次于法律和行政法规，地方统计法规只在本行政区域内有效，如吉林省地方统计法规—《吉林省统计管理条例》只在吉林省省内具有有效的规范作用。

第四层级，由地方人民政府或国务院部委及直属机构制定的统计行政规章，有地方政府规章和国务院部门规章，二者具有同等的法律效力，对同一事项的规定不一致时，由国务院决定或由国务院提请全国人大常委会裁决。如由卫生部制定的《全国卫生统计工作管理办法》、公安部制定的《公安统计工作规定》都属于国务院部门规章。

2. 现行统计法律制度体系主要内容

（1）统计基本法。对统计工作的基本问题做出规定，如对统计的基本职能与任务、管理体制等方面做出规定。

（2）统计调查管理方面的法律规范。对统计调查对象的申报义务、调查项目的审批与管理等方面做出规定。

（3）统计资料管理与公布的法律规范。对统计资料的保存、使用、保密、发布等方面做出规定。

（4）统计机构和人员管理方面的法律规范。对统计机构设立、统计人员权利与义务等方面做出规定。

（5）统计执法检查方面的法律规范。对统计执法检查机构、执法范围、程序等方面做出规定。

（6）统计违法责任方面的法律规范。对统计的违法行为、违法责任等方面做出规定。

（7）其他专项统计法规。对其他专项统计工作的组织实施、经费、法律责任等方面做出规定。

中国目前实行的统计法律制度体系以统计法为根本法律依据，根据需要由各规定机构制定统计行政法规等统计规范，统计法律制度涉及面较广，但在制度设计及制度具体实施过程中，还存在着一些不足。同时，与统计法相关的部门法中涉及统计违法行为处罚的也应明确规范，如中国刑法已将许多弄虚作假危害社会的行为规定为犯罪，如虚报注册资本罪、虚假出资罪、提供虚假财务报告罪等，虚假统计行为与上述行为相比，无论危害程度和范围都有过之而无不及，从刑法中将虚假统计行为规定为犯罪并给予刑事处罚已刻不容缓。①

第二节 中国统计制度存在的问题分析

随着中国政治经济体制改革进程加快，统计制度改革也日益被重视，从涉及的范围与涉及的层次两个方面来看，统计制度都得到了不断发展和完善，然而，一些不容忽视的统计制度现实问题还是不以人的主观意识为转移而存在着。本部分分别对当前中国统计管理体制、统计调查核算制度及统计法律制度存在的问题进行深入分析。

一、中国统计管理体制存在的问题

（一）与市场经济体制相矛盾

统计管理体制取决于经济体制。② 中国正在完善市场经济体制，而市场经济体制决定了实行中央一级宏观调控经济的管理体制，地方政府一般不具有经济管理职能，其他层面经济管理职能是由市场与微观经济体来调节的，如果政府调节完全代替市场调节就出现市场被条块分割，市场机制作用无法发挥。而统计管理体制在市场经济体制下也必须采取中央一级统计管理体制，即建立独立的垂直领导、统一管理的

① “闽积极实施企业一套表调查制度”，http：//www.xmsme.gov.cn/2011－12/201112211615343115.htm。

② 权贤佐：《探索：统计创新与现代化》，中国统计出版社2002年版，第11页。

统计管理体制。地方政府有没有统计管理职能是地方政府自己的决策，与中央政府无关。但现行的统计管理体制是中央与地方一元统计管理体制，即“统一领导、分级负责”，应该说还是有浓厚的计划经济色彩，与计划经济管理相适应。[①] 中央政府统计同时兼顾中央政府和地方政府的需求，依赖地方统计机构过多，使统计管理被条块分割，引发诸多统计问题。

（二）与统计组织管理方式相矛盾

2009 年第十一届全国人大常委会第九次会议修订并颁布实施的《中华人民共和国统计法》第三条规定：国家建立集中统一的统计系统，实行统一领导，分级负责的统计管理体制。由国家统计局垂直管理的各级调查总队组织管理采取“一垂三统”[②] 方式。相对分散的统计管理体制没有起到为中央和地方经济的发展提供强有力的信息支持保障作用，“一垂三统”也没有达到抗干扰的预期目的，统计工作的独立性要求没有得到保证。

（三）统计机构职能不清

政府及职能部门统计工作主体的责任与权限、经费来源与额度等都没有制度性规定，又缺乏各级政府统计机构间协调、政府统计机构与职能部门间协调的协调性制度安排，由此带来了各级政府统计机构之间、统计调查队与各级政府统计机构之间，各级政府统计机构与职能部门统计机构之间关系不顺，职能不清，统计工作存在重复，又存在遗漏，同时

① 权贤佐：《探索：统计创新与现代化》，中国统计出版社 2002 年版，第 79 页。

② 一垂三统是统计调查队由国家统计局垂直领导，统计业务、人员编制及干部任免和经费由国家统计局统一管理。

还会因为协调成本极高而放弃协调，加大了统计成本上升的可能性。如A部门所需要的统计资料已经在B部门前期调查时获取了，由于A部门与B部门统计机构之间或统计工作人员之间没有形成良好的信息互通、组织协调关系，A部门往往会组织人、财、物，再一次进行调查，造成了资源的浪费和工作的重复、无效率，各部门这种非合作行为的过程与结果实际上可用双方博弈的过程与结果来简单描述，双方在多次博弈过程中形成了双方非合作博弈的纳什均衡（见表4-1）。

表4-1　　A部门与B部门双方博弈结果

	A同意信息共享	A不同意信息共享
B同意信息共享	AB各支付成本1	B支付成本2 A支付成本0
B不同意信息共享	A支付成本2 B支付成本0	AB各支付成本2

（四）中央统计机构的法定地位无保障

中国现行的统计管理体制没有保障中央统计机构统计的法定地位。中央统计机构对统计方法、统计标准、统计调查项目审批等国家统计工作应具有唯一制定权或唯一授权，同时还要保障方法、标准、审批通过统计调查项目在地方政府统计机构及部门统计机构统计时能够统一、一致实施，使统计工作顺利开展、并相互衔接、互不重复。然而法律保障的缺失及约束力不足使地方统计机构及部门统计机构常常忽视中央统计机构的统一规范，自行其事，造成在资料的搜集、整理、公布等多个环节都存在着许多问题，如大家常见的“数字打架”等问题，这些现象的发生都源于中央统计机构法定统计地位无保障。

（五）与其他统计制度不一致

中国统计管理体制在运行中常与其他的统计制度存在矛盾冲突，如抽样调查是一种有效节约成本的主要调查方式，但该调查制度却与当前的统计管理体制存在着不可调和的矛盾，难以有效实施，难以发挥其在调查制度中的独特优越性；再如，普查制度实施与当前管理体制也存在矛盾，造成普查制度实施流于形式，普查成果也没有有效开发利用。

（六）统计监督权难以有效发挥

虽然我国《统计法》中规定了县级以上统计机构有权对本区域的统计违法行为进行查处，但又同时规定了县级以上人民政府及其监察机关对下级人民政府、本级人民政府统计机构和有关部门执法的情况，实施监督。① 很明显在不同统计管理制度规定上存在着自相矛盾状况，统计机构独立查处权法律依据不充分，由此得出现行统计管理体制不能保障统计机构的统计监督权利有效发挥的结论。

二、中国统计调查核算制度存在的问题

（一）制度供给不足与供给过度并存

我国《统计法》第十六条规定："搜集、整理统计资料，应当以周期性普查为基础，以经常性抽样调查为主体，综合运用全面调查、重点调查等方法，并充分利用行政记录等资料。"明确规定了普查的基础性地位，却没有开展普查工作的明确法律层次依据；明确提出了要充分利用行政记录等资料，却没有明确规定行政记录的提供者和使用者的权利

① 《中华人民共和国统计法》，中国法制出版社2009年版，第12页。

与义务。当前服务业发展较快，在国民经济中的比重上升，但服务业相关统计调查方法与制度供给却没有跟上来，主要表现在调查人力不足，且没有足够的服务业统计制度规范作为持续保障。正是由于服务业调查缺乏系统的技术方法和制度规范，造成服务业的统计数据很多来源于不够科学的估算，不利于国家了解服务业的发展状况，也不利于服务业自身的发展。综上所述，我们认为统计调查制度供给存在着严重不足。

国家制定了各类统计报表制度，然而各类统计报表制度涉及的调查项目存在一定程度的重复，以各行业统计报表制度和企业景气调查制度的规范为例，两者规定的调查对象及调查项目存在着交叉重复，因而存在调查制度重复规范，以一点窥一般，可以证明存在统计调查制度供给过剩，这必然会带来统计调查工作的交叉重复，增加了统计调查成本，更加重了基层单位统计工作的负担。

（二）监督者权利和义务不明确

中国《统计法》第十四条规定，制定统计调查项目时，应同时制定该项目的统计调查制度，统计调查制度应对调查方法、调查对象、调查时间等各个方面做出具体地规定，统计调查应按照统计调查制度组织实施。然而在法律上却没有对统计调查制度监督者的权利和义务做出规定，统计调查制度监督可能处于功能失效状态。

（三）各项统计调查制度之间不协调

各项普查制度相互之间不协调，普查制度与经常性调查制度更缺乏协调一致性，经常性调查制度之间也缺乏协调一致性，由此带来的后果是：不同调查制度内容重复、标准不一致、普查的认可度及配合度低，调查的任务难以完成，在进行各种调查时，责权利不清，没有很好的确定谁要进行调查、调查由谁负责、调查费用由谁支付等问题。

（四）不适应市场经济体制

市场经济体制下，资源配置受市场需求的约束，生产什么取决于市场需求。在此情况下，统计调查制度也应满足市场需求——供给市场需要的统计调查制度，以便减少交易费用，然而目前统计调查制度远没有满足这种需求，许多符合需要的统计调查制度不能建立或不能有效实施，同时又有一些不合时宜的统计调查制度堂皇入市，如抽样调查制度始终没有发挥应有的作用，而一些增加基层统计负担的、相互交叉重复的统计报表制度却仍然存在。

（五）国内生产总值核算制度不完善

1992 年后，中国国内生产总值（GDP）核算在物质产品产值核算上采用国民账户核算制度体系（SNA 体系），实施以来得到不断改进，然而，对限额以下批发零售业、住宿餐饮业等服务业的服务产品产值核算制度改革却步履迟缓，存在严重的核算制度供给不足；还有中国对 GDP 的核算一直采取分级核算制度安排，国家 GDP 核算数据与地区核算汇总数据差距明显，且没有出现缩减趋势，这主要源于 GDP 核算制度自身矛盾。

（六）投入产出核算制度作用有限

参看 20 世纪 90 年代以来中国编制的 SNA 体系全国投入产出基本表和投入产出简表，再查找公布的各地区投入产出表，可以得出一个基本结论：编制可靠的投入产出核算表存在困难，其主要原因有统计核算技术问题、统计调查资料缺失或不准确和投入产出核算制度本身不足，而投入产出核算制度本身存在的问题是投入产出核算发展的最大制约。

（七）核算制度之间存在非一致性

在核算制度不完善的情况下，同时存在既定核算制度之间的非一致性、非衔接性和规范不一致性。如地区生产总值核算制度与投入产出核算制度规定的统计时间存在着非常大的差距差异，存在非一致性和不可衔接性，从而限制了统计数据的综合高效运用；地区生产总值核算制度等五项核算制度中均未明确规定负责人及其权利与义务；地区生产总值核算制度、国民资产核算制度与国民经济账户制度均存在着可自由选择核算与不核算部分，反映了规范的非一致性，形成制度本身缺欠，造成制度缺乏实施的硬约束。

三、中国统计法律制度存在的问题

（一）统计法的法律效力没有有效发挥

自 1983 年我国第一部《统计法》颁布至今，中国统计法律体系不断完善。1996 年和 2009 年两次对该法进行修订，1987 年颁布了《统计法实施细则》，2006 年对《统计法实施细则》进行了修订，并相应颁布了许多统计行政法规和地方统计法规，统计法律制度体系有所完善，但是统计法律制度体系中不同层级统计法律制度的制定者不同，如各级政府及国务院部委及直属机构都有权各自制定统计行政规章，统计行政规章常与统计法冲突，统计法在统计法律制度中应具有最高的法律效力并没有发挥，表现为令出多门、政令不一。

（二）缺少程序规范和制裁规范

中国的统计法律规范体系重视实体规范，而忽略程序规范、制裁规范。[①] 统计法规定了哪些统计行为违法，却没有法律条文明确规定可操作性的统计案件的查办程序和处罚标准，使统计法律的实施存在过多主观因素，实行起来操作性差。即使有了相对完整的统计法律，如果没有强有力的执行力，统计法律也是虚设的，按制度经济学理论来分析，有法不依应该比无法可依的状态更有危害性。

（三）法律制度内容不健全

中国现行统计法律制度的内容过少，统计违法行为、法律责任等条款都过于粗糙。从内容上来讲，政府统计活动经费保障、统计具体工作规范的制定、执行和检查等内容明显不完备；按统计法的规定，行政机关违法只能处以警告批评类“申戒罚”，[②] 不能处以经济罚款，而企事业组织等违法则可能处以警告并处以罚款，法律内容明显不一致，有失公平。我们可以通过两个统计违法案例看到其中的差别。

统计违法案例 1：阜平县高山休闲度假有限公司 2010 年 7 月上报统计部门固定资产投资累计完成额为 10090 万元，经调查核实，该公司实际完成投资额为 750 万元，虚报 9340 万元，构成了提供不真实统计资料的违法行为。保定市统计局根据我国《统计法》的规定，依法对该公司给予

---

① 黄应绘：“中国统计法律体系的国际比较及改革”，《统计与决策》，2004 年第 8 期。

② 申戒罚是指精神罚或影响声誉罚，是行政机关对行政违法行为人通过对其提出遣责、警告，从而对其名誉、荣誉、信誉等施加影响，引起其精神上的警惕，防止继续违法的措施。“申戒罚”主要适用于情节比较轻微，未造成严重社会危害的违法行为。它既可以适用于公民个人，也可以适用于法人和其他组织。

警告并罚款60000元。①

统计违法案例2：广安市岳池县兴隆镇人民政府瞒报统计资料，该单位2007年上报《劳动情况报表》中“从业人员劳动报酬”为57万元，核实数为76万元，瞒报19万元，违反了我国《统计法》相关规定。岳池县统计局依法对此进行了查处，作出责令整改、全县通报批评的决定。②

（四）社会监督机制不健全

统计法第八条规定：统计工作应当接受社会公众的监督，任何单位和个人有权检举统计中弄虚作假等违法行为。对检举有功的单位和个人给予表彰和奖励。此规定实质是为了鼓励公众行使公民权利对统计工作予以监督，虽然初衷是好的，但由于监督涉及的具体范围、内容、权限及如何奖励都未明确规定，很难真正具体落实。

（五）统计活动参与者的法律地位规范不健全

我国《统计法》对统计活动参与者的法律地位规范不明确，法定权利与义务规范不对等。在实际统计工作展开时，存在一些不合理现象，如在进行企业调查时，政府统计部门常习惯地把企业当做自己的下级单位，发出调查指令，要求企业填报资料，造成统计关系事实上的不平等。再如要求被调查者填报统计报表是统计部门法定的权利，统计部门同时有向被调查者提供资料的义务，统计部门常常只行使其权力而不尽其义务。

---

① “河北省公布20起典型统计违法案件”，http：//www.anhuinews.com/zhuyeguanli/system/2010/11/27/003501356.shtml。

② “四川省统计局通报07—08年度我省统计违法案例”，http：//www.pclz.gov.cn/DocHtml/958/2010/4/30/20100430034332647.html。

第三节 中国统计制度存在问题的原因分析

一、中国统计管理体制存在问题的原因

（一）市场经济体制改革不彻底

市场经济体制决定了实行中央一级宏观调控经济的管理体制，地方政府一般不具有经济管理职能，但目前中国从中央到省、市、县、乡各级政府都在抓经济建设，形成了多层次的统计信息需求，[①] 出现了市场的条块分割，而统计管理也没有脱离与计划经济相适应的“统一领导、分级负责”的统计管理体制，出现了政府与部门统计管理的条块分割状态。由市场和微观经济体负责的事项，被各级政府大包大揽过来，与此同时，政府应该发挥的职能没有发挥，使得市场经济体制被政府经济行为破坏了，所以从根本来说，统计管理体制存在问题的主要原因是市场经济体制改革还不彻底。

（二）社会发展不均衡的局限

虽然改革开放后，中国社会经济快速发展，但是发展不平衡。中国目前的技术手段还无法对行政管理的责、权、利关系给出合理的量化尺度，或者由于行政管理责、权、利核算本身成本极高，使行政管理规范供给还相对落后，统计管

① 权贤佐：《探索：统计创新与现代化》，中国统计出版社 2002 版，第 29 页。

理体制也同样表现为制度供给的滞后，当前统计管理体制对统计机构与统计工作人员及其他统计活动参与者的责、权、利规范过粗，甚至缺乏规范，必然造成统计机构之间关系不顺，职能混乱，难于协调。

（三）公众统计意识的影响

由于公众对统计工作重要性缺乏或认识不足，许多行政领导由于对统计信息在科学决策中所起到重要作用认识不足，以及行政管理能力、水平等方面的多因素综合影响，使政府统计工作长期不受重视，政府统计管理体制被关注度低，政府统计改革步子迟缓，也影响了中央政府统计机构统计的法定权威性地位的确定，造成了中央一级统计管理体制难以建立，与部门统计与地方政府统计关系难于变更。

二、中国统计调查核算制度存在问题的原因

（一）制度供给时滞和政府垄断制度供给

首先，根据制度的一般理论，我们认为统计调查制度的需求往往是先于统计调查制度的供给的，从而形成统计调查制度供给不足，但这是制度供给不足的正常状态；其次，统计调查制度变迁过程中，制度的供给由政府垄断，有效统计调查制度的供给可能会对存在的既得利益集团的利益产生损害，因此可能因为既得利益集团的强烈抵制，使统计调查制度供给成为无效供给，造成了统计调查制度的供给不足，也造成统计调查制度改革的步伐迟缓，与市场经济体制的偏差增大。

（二）政府主导统计调查制度变迁

目前统计调查制度变迁以政府主导型为主，政府主导型

的统计调查制度变迁是在既定的宪法秩序和行为伦理道德规范下，事实上由政治权力中心提供新的统计调查制度安排的能力和意愿决定了统计调查制度变迁的可能性大小，因而政府机构官员的能力与意愿决定了统计调查制度安排的多寡和现实统计调查制度需求的满足程度。如果能力与意愿都相对不足或其中一方面不足，都可能产生与市场需求不一致的统计调查制度的供给，从而统计调查制度的过度供给和供给不足同时存在。

（三）调查制度制定权限过于分散

各级政府及职能机构均有权制定本部门调查制度，这就造成了统计调查制度多方供给，使调查制度制定权限分散。调查制度制定权限的分散，虽然满足了各部门调查的需求，却同时会带来极大的浪费。

（四）统计核算技术方法相对落后

在市场经济不断发展过程中，社会经济活动多样化，且计量复杂，统计核算技术很难迅速更新，尤其是服务业的发展变化异常迅速，导致服务业核算制度薄弱，由于投入产出核算制度不完善，各级政府对统计核算制度实施时存在较大差距，造成国家 GDP 数据与地区汇总数据差距过大。

三、中国统计法律制度存在问题的原因

（一）立法权分散

现行的统计法律体系是以现有的各个行政主管部门的行政管理职能为基础，按照国家法律形式体系的要求，将与某一政府部门职能相关的各种法律规定有机地结合起来，形成

一个自上而下的部门行政法体系。[①] 统计法律制度本身是行政法的一个部分，从整个法律体系中看地位不高。另外，中国现行统计法律制度体系中的不同层级统计法律制度是由不同机构制定的，反映了中国统计法律立法权分散，虽然名义上统计法具有最高统计法律效力，但实际上却是统计法的法律效力不能有效发挥，主要是由于立法权的分散，不同机构制定的统计立法之间存在着矛盾和冲突，与其他法律体系也存在着矛盾和冲突。

（二）中国法律制度体系不完善

中国法律制度体系建设过程中，颁布了各项法律，获全国人大及常委会通过的法律中现行的有效法律有200多部，更有大量的行政法规和地方法规，法律行为规范的建设取得了很大成绩。但是对于裁判规范的建设却存在着明显欠缺，统计法律制度体系作为中国法律体系的一部分，建设过程中同样出现了缺少程序规范、制裁规范的缺欠，造成统计法律责任规范不健全，统计执法可操作性差。法制建设是一个长期而艰巨的工作，统计法制建设也需要更长时间的努力。

（三）公民社会参与意识不强和参与不足

在制定各种社会制度时，希望对参与人行为做出规范，并实现社会共同利益最大化，社会共同利益是人类生活的共同目标，它的实现必然依赖于制度的制定与实施，但社会制度并不必然是为共同利益服务的，甚至表现为对共同利益的背离。此时，公民参与社会公共管理会对制度制定及实施者的私利行为产生有效约束，并能够形成为实现共同利益的有效制度规范，而目前中国公民的社会参与

① 黄应绘："中国统计法律体系的国际比较及改革"，《统计与决策》，2004年第8期。

意识普遍不强，参与程度过低，影响了实现共同目标的制度规范的形成，同样也造成了统计法制建设的公众参与度不足。

第四节 中国统计制度运行的效率分析

制度的效率可在成本与收益的对比关系中体现出来。[①]当收益确定时，成本较低的制度就是有效率的，当成本既定时，收益较高的制度就是有效率的。统计制度效率的提高可从控制成本、增加收益两个方面来实现。由于目前还无法确切计算统计制度的社会经济成本与收益，所以作者依据制度运行效率的理论尝试研究统计制度的运行效率。统计制度的运行效率反映的是统计制度运行成本与收益的对比关系，这种对比关系理论上由统计制度的普适性、其他相关制度的完善程度和统计制度实施机制健全与否来决定。从统计制度三个主要方面着手分析中国现行各项统计制度运行效率，可以判明统计制度运行的相对效果。

一、中国统计管理体制运行的效率

（一）中国统计管理体制的普适性分析

目前，中国统计管理体制属于专业分散、地方相对分散的管理体制类型，对于统计机构、统计人员的权利与责任规

① 袁庆明：《新制度经济学》，中国发展出版社 2004 年版，第 261 页。

范过粗，具体权利与责任规范不明确，对违法法律责任与违法处罚均不确定；在统计管理体制实施过程中存在着对统计对象明显的差别待遇，所以中国统计管理体制的普适性不高。

（二）与中国统计管理体制相关制度的完善程度分析

与统计管理体制相关的制度很多，如市场经济体制、政治体制、统计法律制度、统计调查核算制度和其他法律制度等都与统计管理体制存在密切的关系，无论对哪一个相关制度都是不完善的，都处于变革之中。最主要的是市场经济还不完善，统计法律制度和统计调查核算制度都存在着较大的欠缺，各项制度与统计管理体制的配合程度较低。

（三）中国统计管理体制的实施机制分析

中国现行统计管理体制下，中央政府统计机构、地方政府统计机构和部门统计机构之间存在责、权、利划分不清晰，职能不确定，统计工作关系不顺畅等一系列问题，因而我认为，统计管理体制实施过程中存在的一些问题，也就说明其实施机制不健全、不完善。

与中国统计管理体制效率相联系的制度本身的普适性、相关制度的完善程度、实施机制的完善程度都没有达到较理想的状态，因而目前的统计管理体制是缺乏效率的。如果完善三个决定因素的状态，那么，就可以大幅度地提升统计管理体制的效率。

二、中国统计调查核算制度运行的效率

（一）中国统计调查核算制度的普适性分析

目前中国的调查核算制度对调查活动中调查者与被调查

者地位的规定上存在关系的不平等；调查活动开展时，存在事实上的不平等；调查核算制度中关于调查核算组织管理者违反制度的规定不明确；这些都说明目前的统计调查核算制度缺乏普适性。

（二）与中国统计调查核算制度相关制度的完善程度分析

与调查核算制度关系最密切应是统计管理体制，经过前面的分析，我们知道统计管理体制是不完善的，由此还对调查核算制度的实施产生影响，如具有比较优势的抽样调查制度因统计管理体制不完善，不能有效实施，因此可认为相关制度是不完善的。

（三）中国统计调查核算制度的实施机制分析

统计调查核算制度存在多方供给，对调查核算制度制定者与管理监督者的责任义务未明确规定，造成统计调查核算缺少统一管理规范，缺乏客观统计标准，因而目前统计调查核算制度的实施机制是不健全的。

通过以上对中国统计调查核算制度运行效率分析，我认为中国统计调查核算制度存在效率缺失。

三、中国统计法律制度运行的效率

（一）中国统计法律制度的普适性分析

中国统计法律制度中对于统计违法行为的处罚标准缺失或不确定，统计活动参与者在参与统计活动时存在统计法律地位上的不平等，存在统计违法责任上的不平等。所有这些问题都使中国统计法律制度缺乏普适性。

（二）与中国统计法律制度相关制度的完善程度分析

统计法律制度作为中国法律制度体系中的一部分，与其他的中国法律制度是相互联系的，通过前面的分析我们已经知道，中国法律制度体系在程序法律建设上存在整体不足，需要进一步完善，因而与中国统计法律制度相关的其他法律制度也必定是不完善的。

（三）中国统计法律制度的实施机制分析

统计法律制度的规范涉及了很多方面，然而在实施上却存在较大的问题，统计法律制度规定了哪些统计行为违法，却没有明确规定违法行为的查办程序和处罚标准，使统计法律制度实施时的可操作性较差，因而统计法律制度的实施机制是不健全的。

通过对中国统计法律制度运行效率分析，我们得出结论：中国统计法律制度的效率是缺乏的，如果要提高统计法律制度的运行效率必须在三个决定因素上着手。

综合中国统计管理体制、调查核算制度和统计法律制度运行效率分析的结论，我认为，目前中国统计制度是普遍存在着效率缺失的。因此，在基本的经济政治制度下，需要从统计制度改革与创新方面和统计制度具体实施思路、方法改革两方面着手研究，解决问题，提高统计制度运行效率。

第 五 章

发达国家统计制度安排及启示

市场经济发展有其规律性，遵循市场经济发展规律有助于经济发展，统计制度由市场经济体制决定，因而其发展也存在着与市场经济体制一致的客观规律。本章在分析主要发达国家统计制度安排状况的基础上，分析各国统计制度的经验，为中国统计制度创新提供启示。本章主要观点有：第一，分析美国、日本、德国等主要发达国家的统计制度安排，我发现，由于国情不同，各国统计制度安排上存在着较大差异，各国统计制度安排有着不同的特点，如美国与其他国家比较，最突出的特点是高度分散的统计管理体制下，依靠各种统计制度的约束与激励，依据其高度发达的经济水平支撑，统计工作效率高。第二，发现各国统计制度发展的优势，找到统计制度发展规律，从中得到一些对中国统计制度发展的有益启示，最主要的是统计制度的选择与建设都要遵循市场经济客观规律，不以人的主观意志为转移。

第一节 发达国家统计制度安排

一、美国统计制度安排

（一）美国统计制度安排概况

1. 统计管理体制安排

美国政府统计管理体制为专业分散、地方分散型。专业分散主要体现在联邦政府机构各个部门根据自身统计数据需求，独立自主开展统计工作，而且几乎所有政府机构都涉及统计相关工作，各部门统计工作与其行政管理需要紧密结合，直接为部门行政管理服务。商务部普查局、商务部经济分析局、劳工部统计局等六个机构的统计工作是美国联邦政府统计工作的主要机构，主要完成各部门相关统计数据的搜集、整理和分析。以商务部普查局的主要统计工作为例，该机构主要负责人口调查与人口普查、经济调查等方面的规范、标准与方法、实施程序的制定，并对相关调查开展进行现场管理协调。

为保证政府统计有效进行、避免重复统计，白宫行政管理与预算办公室（Office of Management and Budget，简称OMB）下设信息与规制事务办公室（Office of Information and Regulatory Affairs），其主要工作是对联邦政府各部门收集的信息资料进行审查，研究服务领域政府政策并监督政策执行，其中包括信息的质量控制和统计标准的制定、管理与监督。其主管由总统任命，并需获得参议院的认可。美国的产业分类标准体系由商务部普查局制定和管理，五年一修订。

统计政策委员会与国会联合经济委员会负责统计协调与监督。为更好的完成政府统计工作，推进先进统计方法的应用，必要时召开统计方法委员会。政府统计涉及经济、社会、科技和环境等各个方面，主要是满足政府决策和各政府机构职能管理需要。

地方分散主要体现在联邦政府统计机构与地方统计机构之间是松散合作关系，这是由美国联邦体制决定的。美国宪法规定，联邦政府与州及地方政府互不相属，也就决定了联邦政府统计机构与地方政府统计机构之间的关系为各自独立与相互合作的关系。

2. 统计调查核算制度安排

现行美国的统计调查制度是以普查制度为基础，以抽样调查制度为主体，以其他调查制度为补充的统计数据收集模式制度安排。①美国统计调查制度规定每十年进行一次人口普查，每五年进行一次产业普查和专项普查，非普查年份以抽样调查等资料推算有关数据。

美国国民经济核算制度体系在联合国新的 SNA 发布后，迅速调整适应世界标准，建立较完备的核算制度体系。以国民收入核算为主的国民经济核算制度安排及具体实施在国际上处于领先地位。

3. 统计法律制度安排

美国法制健全，政府各部门及地方政府统计工作均依法进行。与分散的管理体制相适应，美国统计法律中规定了每

① 林贤郁、方宽等：《中外统计规范概览》，中国统计出版社 2008 年版，第 25 页。

个统计部门建制与职能，并规定了统计工作开展的主要程序。制定了《普查法》，规定普查局的隶属关系及负责人的任命等，并规定了执行程序、标准。

美国各联邦机构每年5月份向白宫行政管理和预算办公室递交下一财年的统计项目和经费预算报告，经审批后报总统签署。[①] 美国统计机构的经费主要来自于联邦政府直接拨款，此外还有各州政府拨款和有偿服务来源。美国统计直接拨款经费（不包括普查经费）有逐年增长的趋势，在不包括全国范围普查经费情况下，1999年统计预算经费为30亿美元，到了2009年统计实际经费为55.93亿美元，2011年统计预算经费为60.88亿美元。

（二）美国统计制度的特点

1. 专门统计协调机构发挥明显作用

美国统计制度由OMB制定，设有专门统计协调机构，因此各项统计制度执行与实施较好。OMB是美国联邦政府最高行政决策机构，并设有统计协调委员会专门负责统计机构间的协调，因而，美国联邦统计体系管理和协调机构的绝对权威性，是各项统计法规、政策制度、标准和准则得以执行和有利实施的根本保障。[②] 美国众多政府机构从事统计工作，能够做到满足需要又不重复，这归功于决策管理与协调工作做得好。

2. 统计法律制度体系相对健全

美国统计法律制度安排符合其统计工作要求，法制健全且执行效率高。一是依法办事已成为公民行为习惯；二是统计违法成本非常高昂；三是统计法律法规涉及各项条款规定

① 余芳东："美国联邦政府统计体制及其启示"，《统计教育》，2010年第1期。
② 余芳东："美国联邦政府统计体制及其启示"，《统计教育》，2010年第1期。

非常详细明确，具有非常强的可操作性，执行时很少出现分歧；四是统计法律法规与其他法律配合较好，在一个法律框架下，各项法律法规之间相互协调；五是统计工作制度都是在美国法律框架基础上制定的，按照公众认知和接受的程度来安排统计业务制度，在一定程序上减少了统计违法现象。

3. 重视新统计方法技术创新

为了保障统计方法技术的先进性，美国设置专门的统计技术和方法研究和执行机构。美国统计方法委员会由联邦机构各方面专家组成，负责统计技术和方法研究，并向 OMB 提出建议，并对各统计机构的各种统计技术和方法的应用情况进行评估。

4. 统计工作开展具有独立性

统计制度安排决定了美国统计工作具有非常高的独立性。第一，美国统计法律制度体系保障了统计工作能够合法、独立的开展；第二，统计制度安排下，美国统计工作环境是公开、透明的，人为干预几乎不可能存在，公众对政府统计的信任程度较高，具有独立开展统计工作的良好环境。

5. 信息发布制度与平台建设较好

OMB 颁布了联邦政府统计数据发布制度，该制度遵循公平、客观、透明、及时、中立等原则，对涉及经济、教育等领域的全部统计数据的发布做出了详细规范，并建立网络信息发布平台，从制度与方法、技术上完善了统计信息发布。

6. 统计预算经费有保障

规定统计项目预算及发布制度，统计预算经费处于社会公众监督之下，充分发挥社会公众监督作用。美国白宫行政管理和预算办公室定期公开发布财政年度预算报告，各种行政经费财政预算清晰列示，统计经费主要来自于财政直接拨款，各统计机构的年度经费财政预算均在预算报告中清晰体现，一方面在经费上保障了统计工作的顺利开展，另一方面，确定了经费的用途、使用范围，保障了经费的合理使用。美国主要政府统计机构预算经费见表5－1。通过表中数据的变化，我们看到统计预算经费除普查年度有显著的增加外，其他日常统计预算经费也呈增长趋势。

表5－1　　美国联邦统计机构统计经费直接拨款预算

统计机构及构成	2000财年（百万美元）	2009财年（百万美元）	2011财年（百万美元）
总计（含有普查经费）	5946.8	9282.2	6827.5
商务部普查局	—	3169.9	1297.0
日常统计经费	—	263.6	310.4
周期性调查经费	—	2906.3	986.6
普查经费	4807.4	2689.0	739.2
劳动部劳工统计局	421.0	597.2	645.4
教育部国家教育统计中心	139.0	359.1	343.2
农业部农业统计局	101.0	153.5	164.7
卫生部健康统计中心	109.6	124.7	161.9
能源部能源信息局	72.6	110.6	128.8
商务部经济分析局	49.4	86.5	109.2
农业部经济研究局	110.6	82.1	150.4
司法部司法统计局	37.8	53.0	71.4
财政部收入统计处	43.2	42.3	44.2
国家科学基金科学资源统计部	24.2	40.0	44.2
社会保障部研究、评估和统计办公室	—	30.7	30.6
交通部交通统计局	31.0	27.0	30.0

资源来源：根据美国白宫行政管理预算办公室网站资料整理。

二、英国统计制度安排

（一）英国统计制度安排概况

1. 统计管理体制安排

英国政府统计管理体制为专业分散、地方分散型。从英国政府统计管理体制历史发展来看，有不断向集中型转变的趋势，因此，目前英国政府统计管理体制兼有着集中与分散两方面的特征。

二战前，英国政府没有中央统计机构，官方统计分散于各个政府部门。在首相邱吉尔的倡导下，1941 年建立了中央统计办公室（CSO），该机构隶属于内务部，主要是协调官方统计工作，保障官方统计资料的连续性和一致性。20 世纪 60 年代末到 70 年代初，为加强官方统计的完整性并提高统计工作效率，在中央统计办公室提议下，1968 年开始政府统计服务（GSS），其作用在 70 年代很明显；1969 年建立了工商统计办公室（BSO），主要承担工商企业经济体相关统计数据的收集；1970 年建立了人口普查与调查办公室（OPCS），主要承担居民相关统计数据的收集。20 世纪 80 年代，受撒切尔夫人缩减政府支出的影响，政府统计人员与经费锐减，1989 年工商统计办公室并入中央统计办公室。1996 年，为加强政府统计数据质量管理，保证政府统计的完整性和准确性，中央统计办公室同人口普查与调查办公室合并，成立独立的政府统计机关——国家统计办公室（ONS），负责全国主要统计数据的收集与分析。新世纪以来，为了提高英国政府统计独立性和统计公信力，2000 年制定了“英国国家统计框架”，规定了国家统计的任务和服务范围及相应统计机构的职责和作用，目前英国官方统计的公信力仍然较低。2008 年设置英国统计局，它由主席、三位执行委员及八位非执行委员组成。它是直接对国会负责的非内阁、独立统计监督机构。其职责主要是对政府统计工作进行监督：第一，对国家统计办公室统计工作的开展情况进行监督；第二，独立监督（监测和评估）所有官方统计行为。

英国政府统计管理体制的集中性主要体现在国家统计办公室是官方统计管理的中心，也是最大的官方统计信息生产者，还是政府统计服务的领导者，为政府统计服务设置统一的政策、专业标准，并协调统计机构进行统计生产。分散性体现在超过80%的政府统计服务专家不是国家统计办公室职员，约五分之四的官方统计是由非国家统计办公室职员生产的；分散性还体现在英国分权体制下，苏格兰、威尔士和北爱尔兰地区具有各自的统计管理机构，并独立开展统计工作，因而具有地方分散的特征。

2. 统计调查核算制度安排

英国政府统计数据主要来源于现有的行政记录和统计调查，统计调查制度包括经常性调查制度、普查制度、专门调查制度、调查项目控制与评估制度，各项调查开展过程中，调查项目控制与评估制度与工商企业登记名录对控制调查的重复交叉和调查样本的选取起到重要作用。

英国国民核算制度体系建立较早，主要进行GDP年度及季度核算，在核算中使用生产法、收入法和支出法，按照国际通用方法调整不同方法产生的差异。

3. 统计法律制度安排

为促进和保障官方统计信息的生产和发布，2007年通过了“统计登记服务法案”，这是英国统计法制建设的一个重要标志。

英国国家统计机构经费最主要来源是财政拨款，此外还有其他来源，如有偿服务收入和欧盟统计局提供的经费。

（二）英国统计制度的特点

1. 英国官方统计较完整、独立

国家统计框架文件包括国家统计的任务和目标、国家统计大臣的责任、国家统计咨询委员会的职责、国家总统计师的职责、统计专业负责人的职责及苏格兰、威尔士、北爱尔兰地区统计负责人的职责，明确了统计各方关系，保证了国家统计在管理制度体系上的完整性和专业上的独立性。

2. 统计法律制度未形成体系

虽然很多统计活动是在英国法律体系调控下进行的，然而英国却没有建立如西方发达国家普遍设置的统计法。目前，英国涉及规范统计活动参与方行为的法律有：数据收集与统计程序的法律，数据保护、信息自由等统计活动的信息法。整体统计法律制度体系未建立，使许多统计活动缺乏法定地位和法律保障。

3. 具有专门的统计监督机构

国家统计咨询委员会收集各方对国家统计有关独立性、完整性的意见，现场检查政府统计机构统计工作情况，监测和评估国家统计框架的执行情况，推动官方统计的发展。

4. 抽样调查制度实施较好

由于已经建立了较详细、完整的企业名录库和调查项目控制、评估制度，在抽样调查制度实施时，样本选取更加具有代表性、快捷性，调查项目具有唯一非重复性，保障了抽样调查制度实施较顺利，还有效避免了调查的重复，减少了调查的组织实施成本。

三、日本统计制度安排

（一）日本统计制度安排概况

1. 统计管理体制安排

日本政府统计管理体制为专业分散、地方分散型。在日本统计法律条件下，中央政府各部门和地方统计机构都独立开展统计工作。

内阁统计委员会领导总务省统计局标准部负责制定统计制度、政策和标准，并协调各省统计事务。内阁设社会经济研究所，负责 SNA 体系国民经济核算和消费者信心调查。

总务省设有统计局、统计中心、统计审议会和地方管理局等多个机构，统计局主要由标准部、调查部和三个审查官组成，承担人口普查、经济普查等重大统计调查活动。统计中心主要负责统计局和其他有需求的省部的普查和调查的统计报表的制作和数据汇总。① 统计审议会是一个咨询机构，主要审议提请总务省长官批准的指令性统计或非指令性统计报告，建立统计标准，负责总体协调，并建议部长采取与审议结论一致的行动。

厚生劳动省设有部长秘书处统计信息部，统计信息部由计划、生命健康统计等分支机构组成，主要负责生命统计和劳动力月度调查，此外，厚生劳动省还设有国家人口社会安全研究所。

农林水产省设有部长秘书处统计部，统计部由管理、统计计划等分支机构组成，主要负责农林普查和水产普查。

经济产业省设有经济产业政策局和研究统计部，研究统计部又设有经济分析、产业统计和企业统计等四个办公室，

① 林贤郁、方宽等：《中外统计规范概览》，中国统计出版社 2008 年版，第 42 页。

主要负责制造业普查和商业普查。

大藏省预算局、消费与关税局和政策研究所均有统计分支机构，主要负责企业法人的统计调查工作。由消费与关税局负责的国际收支统计核算工作做得较好，国际收支统计包括国际收支平衡表的编制和对外资产负债表的编制。国际收支平衡表的编制资料来源于关税局、外务省等多个部门统计机构，需要多方协调，此项统计工作完成较好，也说明日本各统计机构间的协调工作做得较好。

国土交通省设有政策局信息研究部，信息研究部由信息计划、建设研究统计和交通研究统计三个分支机构组成，主要负责建筑统计和汽车运输统计。

日本其他政府机构也有许多统计事项，主要都是在遵守统计法律法规基础上，由本机构组织完成。

地方统计机构不是中央各部门统计机构的隶属机构，两者之间为业务委托代理关系。

2. 统计调查核算制度安排

在专业分散和地方分散的统计管理体制下，部门统计机构和地方统计机构依据统计法和统计报告协调法，在公共行政管辖领域内实施包括人口普查在内的各项统计调查，各部门统计机构和地方统计机构之间统计职能分工明确，统计工作重复交叉现象很少出现。

抽样调查制度在日本地位突出，日本的统计调查主要以抽样调查为主，只有人口普查等少数调查采取全面调查方式。不同的统计调查采取的方式、种类在法律上都有具体规定。

3. 统计法律制度安排

日本统计法律体系由《统计法》与《统计报告协调法》组成。日本《统计法》于 1947 年颁布，1988 年修订，与《统计报告协调法》配合，规定了统计机构的权限、职责及政府统计工作实施程序。2007 年日本国会又一次通过《统计法》修订案。

现行日本《统计法》的主要内容有：一是对官方统计的目的、官方统计机构的基本内容、基本原则和基本计划做出一般规定；二是对官方统计生产中有关基本统计和统计调查与其他事项的范围、时间及总务大臣、首相等认为有必要规范的方面做了规定；三是对问卷调查信息的利用和提供做出了规范，如调查信息的二次利用、资料提供人、委托责任等的规定；四是对问卷调查资料的保护方面做出的规定，分别就资料的管理、使用权限、保密义务等做出了规定；五是对统计委员会的建立、管辖事务、组织关系、成员任命、成员任期、主席任命等做了规定；六是对统计违法责任做出处罚规定，如规定：任何人违反《统计法》第 17 条，均应处以不超过两年的监禁或不超过 100 万日元的罚款；七是其他事项的规定，如基本统计调查的审批、审批标准等的规定。

日本中央政府各部门统计机构统计经费由中央财政负担，府县级统计机构经费由中央财政补贴给府县级政府，市区町村统计机构经费分为人事经费和其他经费，中央财政转移税收支付市区町村统计机构人事经费，委托部门承担其他经费。

（二）日本统计制度的特点

1. 社会公众统计参与程度高

政府对统计工作非常重视，经常进行统计重要性与必要性的宣传，并将 10 月 18 日作为“统计日”，政府组织各种形式的活动以加强公众对统计的认识与理解，定期与不定期宣传统计制度规范，加强公众对统计工作程序等方面的了解，便于统计工作的展开。

2. 统计法律制度体系较健全

日本《统计法》颁布较早，已经形成相配套的统计法律法规体系。早期《统计法》与日本分散的统计管理体制相适应，发挥了较好的作用，但随着日本官方统计目标、服务对象等方面的改变，日本《统计法》也在不断修订以适应不断变化的统计环境。

3. 近几年统计委员会发挥重要作用

专门设立了统计委员会，并赋予其较高的法定地位。2007 年日本统计法修订的一个重要内容就是设立统计委员会，并将其作为统计法的第七章内容做出专门规定，可见日本政府及统计界都已经意识到政府统计发展面临的新形式，并采取了应对措施。统计委员会作为一个中立的技术研究与审议机构，其主要作用是通过研究和审议基本计划和基本统计草案，为部长提供建议，推动官方统计的发展。

4. 统计调查制度体系较完善

部门和地方统计机构分工明确，重复交叉少。日本中央政府部门设有统计机构，都道府县、市区町村均设有地方政府统计机构或专职统计人员，总务省统计局组织实施各种统计调查，主要是制定调查制度，本身并不进行实地调查，实地调查都由地方统计机构布置实施，调查职能分工明确、重复交叉少。统计调查制度体系完善，从根本上克服了重复调查问题。

5. 统计机构之间关系协调

中央统计机构与地方统计机构关系协调得较好。日本统计管理体制是分散型的，统计工作与各部门及各级政府的社会经济管理紧密结合，有利于各部门根据自身管理需要展开统计工作。总务省统计局将主要精力用于制定统计标准、统计制度、统计关系协调和综合统计上，所以虽然管理是分散的，但在共同遵守的统计制度、标准下，各统计机构间关系协调得较好，保障了统计资料在各部门间能有效共享。

四、德国统计制度安排

（一）德国统计制度安排概况

1. 统计管理体制安排

德国统计管理体制是建立在联邦体制下，合法性、专业集中化、地方分权是德国官方统计管理体制的三大组织原则，每一项统计工作都必须具有法律依据。[①] 因此德国政府统计管理体制为专业集中、地方分散型。专业集中体现在除联邦统计局外，其他联邦政府部门均不开展统计工作，地方分散体现在各地方统计局是独立机构，不是联邦统计局的直属机构，承担全国各地方的统计调查任务。德国官方统计组织管理体系由联邦统计局、各州统计局和社区统计调查点构成。

联邦统计局设在联邦内政部，是联邦政府统计最高机关。联邦统计局在机构设置、行政管理和经费预算等方面受联邦内政部监督，在统计业务上接受各联邦部委主管部门专业监督，在统计技术方法与专业统计上要求遵循科学、中立、客观、独立等原则。联邦统计局最高行政长官为局长，由德国联邦总统在联邦政府建议下任命，联邦统计局下设行政管理司、联邦统计专业原则问题司、数学统计方法司、国民经济核算和就业司等 10 个司，并设有与司平级的柏林联邦统计分局、波恩统计联络处、杜塞尔多夫统计办事处，负责制定联邦统计技术方法，汇总、展示、发布统计结果，协调各机构之间关系；联邦统计局还设有统计顾问委员会，主要任务是对官方统计原则问题进行研究，提供咨询意见，由

① 林贤郁、方宽等：《中外统计规范概览》，中国统计出版社 2008 年版，第 37 页。

联邦统计局局长担任该委员会主席，各专业司长担任统计顾问委员会下设的各专业委员会主席，探讨统计技术与方法问题。

州统计局是独立的行政机关，各州统计局负责绝大部分的联邦统计数据的调查与整理工作，同时承担一定比例的各州政府统计工作，并接受委托方的统计数据库管理或建设委托工作。

各州城市根据自身的特点设立市统计局或统计处，并在社区一级建立统计调查点，以便于各种调查表的分送、回收和检查。

2. 统计调查核算制度安排

德国联邦统计调查制度主要为普查制度和抽样调查制度。抽样调查制度实施较广泛，涉及各个领域，普查制度主要是对人口普查等四项普查的目的、范围、方法、时间、指标和主要程序等方面做出系统性规定，并规定了行政记录和名录库应用的范围和权利。

国民核算实行统一的 SNA 国民经济核算制度体系，并与 ESA 欧共体国民核算体系兼容，包括联邦国民核算和州级国民核算，由联邦统计局国民核算司负责组织全国国民核算中的 GDP 核算、投入产出核算，核算资料主要来源于各专业司和联邦各部门。

3. 统计法律制度安排

德国法律体系比较健全，统计活动要求在法律依据下进行，联邦宪法是依法统计的根本法，统计法律体系在德国统计发展过程中建立，并不断发展和完善，德国官方统计工作的法律依据有联邦统计法和一百多个单项统计法，以及以欧盟需要为目的的统计条约。[①]

《联邦统计法》于1953年颁布实施，2005年修订，是德国统计工作的基本法律，其主要内容包括：（1）对联邦统计的根本任务进行界定；（2）对联邦统计局的地位、基本任务的规定；（3）对统计顾问委员会的基本任务、成员构成等方面的规定；（4）对联邦统计的费用数额、经费预算、被调查者统计负担等方面的规定；（5）对调查指标、范围等方面的规定；（6）对被调查者、统计机构和统计人员有关填报、保密和通知义务等方面的规定；（7）对统计违法行为进行行政处罚和经济罚款方面的规定。

单项统计法是根据统计合法性原则，对一次性调查、周期性调查、普查、经常性调查等统计调查就指标、范围、标准、程序和周期等方面的规定，如农业统计法等。目前100多项单项统计法几乎涵盖了所有重要的社会经济领域。

根据欧盟条约，欧盟有权要求其成员国向欧盟统计局提供统计资料。欧盟发布的统计领域的法规文件，对成员国直接有效，因此也是德国官方统计工作的法律依据之一。[②]

德国《联邦统计法》规定，联邦政府承担联邦统计局的费用，而州政府承担州统计局的费用。

（二）德国统计制度的特点

1. 统计咨询协调委员会作用有效发挥

建立各类统计咨询协调委员会，确保统计工作协调一致。联邦统计开展工作过程中，建立了统计顾问委员会、局长会议、统计协调和合理化跨部委员会、司长级统计管理委

① 中外统计体系比较研究课题组："德国国家统计体系简介"，《中国统计》，2000年第10期。

② 中外统计体系比较研究课题组："德国国家统计体系简介"，《中国统计》，2000年第10期。

员会等统计咨询协调委员会，起到非常好的双边与多边协调作用，确保了联邦统计局与联邦各部门和州统计局之间开展统计工作采用一致的制度安排，统计工作成果协调一致。

2. 统计法律制度体系细致严谨

统计法律制度体系健全，合法性原则在统计工作中被有效遵守。依法办事是严谨认真的德国人的行事准则，在严密的法律制度体系、较强的公民法律意识情况下建立起来的统计法律制度体系也是细致、严谨的，在实施中证明有效的，虽然在德国制定统计制度时花费的成本较高，但却减少了统计制度的实施成本，总体来说节约了成本。

3. 制定统计制度的方法统一

统计制度制定程序一致、严格。首先由各州统计局分工草拟各项统计制度，如某州统计局负责某一项统计报表制度的研制，然后再在统计协调委员会上进行协商，最后将达成协议的方案提交联邦议会批准，并形成一项单项统计条例。由此过程可以看出德国统计制度及制度体系具有的最大优点就是与各州实际情况一致，保证了制定统计制度的方法集中统一，满足了统计信息需求。

4. 统计法律制度保障统计工作独立性

《联邦统计法》规定，统计机构在政治上中立，与任何党派无关；在经济上独立，不接受各方经济资助。联邦统计局隶属于内政部，独立开展统计工作，不被干扰，政府部门与私人在统计资料的使用上享有平等权利。

五、加拿大统计制度安排

（一）加拿大统计制度安排概况

1. 统计管理体制安排

加拿大统计管理采取典型的专业集中、地方分散型统计管理体制。加拿大政府统计工作主要由加拿大统计局完成，目前95%以上的政府统计数据来自于加拿大统计局。其他政府部门不设专门统计机构，加拿大统计局工作大多由直属的地区机构承担，不依赖于其他政府部门。

加拿大统计局作为独立的政府机构，全面负责国民经济核算，社会、经济方面的各类调查。每年约进行1000项调查，并向包括各级政府在内的各类用户提供统计信息。加拿大统计局不仅对全国性数据进行统计和核算，还直接对省市的统计数据进行统计和核算，统一发布分省市的各项普查结果；国家统计局将年度和季度GDP核算直接核算到省，对省以下不进行核算。

加拿大统计局总部设有国民经济核算与分析司、社会团体与劳工统计司、工商贸易统计司、沟通与运作司等6个司，同时在全国设有5个地区机构和4个办事处。加拿大统计局最高领导是加拿大总统计师，由加拿大议会任命，由内阁中一名部长（通常是工业部长）领导，负责统计局日常工作。

加拿大各省设有统计局，作为地方政府的一个组成部门，其工作职责、机构设置和人员安排由地方政府决定，只对少量有关本地区的统计资料和行政记录等进行搜集、整理，并为地方政府提供整理结果。各省统计局不隶属于加拿大统计局，不承担国家统计和专门调查的任务。

加拿大建立了多个统计联络机构，解决统计工作中出现的各种问题。一方面在政府各部门设有统计联络员，负责联系统计局，另一方面建立全国统计协商委员会、统计专业咨询委员会等多边统计协商会和各部门间双边统计协调委员会。

2. 统计调查核算制度安排

加拿大统计调查制度主要涉及普查制度、抽样调查制度和专门调查制度。普查制度只涉及人口普查和农业普查制度，对普查的设计要求与具体实施做出较详细的规定；抽样调查制度实施较广泛，但在具体实施过程中存在着一定的问题，如调查配合度低，问卷收回率低，造成抽样调查结果不完整、代表性不足，没有实现调查的预期目标。

加拿大执行 SNA 国民经济统计核算制度体系（见图 5－1），核算制度由加拿大统计局实施。加拿大的季度 GDP 核算制度实施较好，GDP 核算制度规定由加拿大统计国民经济核算司采用生产法、收入法、支出法三种方法分别对 GDP 进行核算，并于每季后 60 天发布 GDP 核算结果。加拿大国民核算制度体系[①]构成情况及关系可参见图 5－1。

3. 统计法律制度安排

加拿大统计法律制度对统计活动具有较详细地严格规定，与《统计法》相关的法律还有隐私法、公司收益法、加拿大证券与知识服务法和信息使用法四部法律。

加拿大统计法的主要内容：一是对基本统计工作涉及的内容、指标名称和范围等作了规定；二是对国家统计局的职责、负责人的任命的规定，对主管统计工作的部长的领导权责、职员入职及宣誓等方面的规定；三是对统计工作开展中对部长的《统计法》法外权限、省府官员权责、调查资料的搜集与发布等方面的规定；四是对人口普查与农业普查的范围、时间等的规定；五是对统计违法行为的处罚规定；六是对一般统计信息的收集、编辑、发布的规定。

加拿大政府统计经费主要来源于议会批准的财政拨款，其余部分来源于委托调查、发行出版物等有偿服务。近年来

---

① 贺铿、郑京平：《中外政府统计体制比较研究》，中国统计出版社 2001 年版，第 186 页。

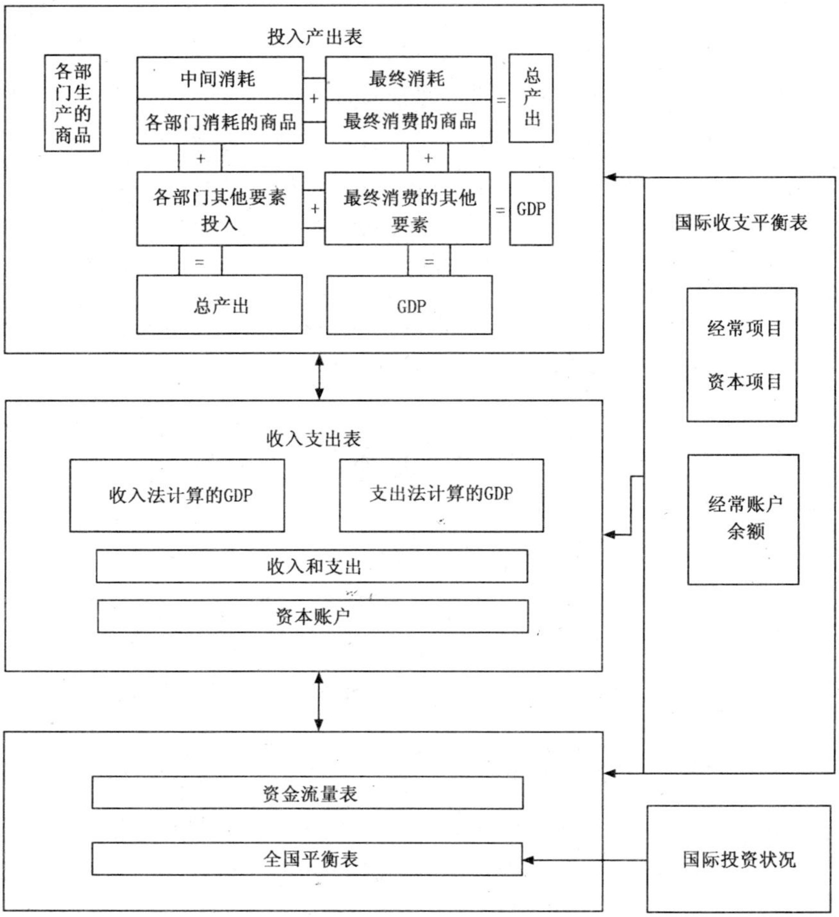

图 5－1　加拿大国民核算制度体系

委托调查等经费所占比例有上升的趋势，在一定程度上反映了统计参与市场活动有所增加。

（二）加拿大统计制度的特点

1. 统计管理体制为专业集中和地方分散型

国家统计局独立进行统计调查，并全面负责国家和地区数据的统计和核算，保证了数据的可靠、真实，可比和有效衔接；国家统计局与地方统计局建立了良好的合作关系。

2. 统计工作关系比较协调

加拿大建立有许多统计协调机构，如统计理事会、多边协商会等，通过多方协商和双方协调解决统计工作中存在的各方面问题，有力地推动了官方统计工作的协调开展。

3. 国民核算制度体系比较完善

加拿大国民核算体系由投入产出核算制度、收入支出核算制度、国际收支平衡核算制度等四个核算制度构成。GDP核算比较突出，既核算了年度 GDP，又核算了季度 GDP，既使用了生产法，又使用了收入法和支出法，从方法到规范都具有一定比较优势。

4. 农业普查制度实施较好

加拿大农业生产高度发达，农业统计工作水平高。从19 世纪 60 年代开始，经历了长期发展，经验丰富。现在农业普查与人口普查同时进行，普查制度体系相对完备；普查效果较好。

六、法国国家统计制度安排

（一）法国统计制度安排概况

1. 统计管理体制安排

法国政府实行专业集中、地方集中型的统计管理体制。法国政府统计组织管理体系由法国国家统计机构及其地区分支机构、部委统计机构构成。

法国官方国家统计机构是国家统计和经济研究所（以下简称 INSEE），隶属于法国财政经济部，主要职责是：制定全国统计制度方法、统计标准，负责名录登记管理、国民经济核算、各种调查、指数编制等工作；负责政府各部门和各地区统计机构协调工作，起到国家经济信息中心的作用。1984 年设立法国国家统计信息委员会，作为全国统计协调咨询机构，负责对重要统计工作涉及的主要问题进行研究，为 INSEE 及地区统计机构和各部门统计机构提供建议。

INSEE 在大区和海外地区设有 24 个办事处，其统计业务、人员编制和经费由 INSEE 垂直管理，办事处主要承担国家统计调查任务，负责本地区的统计工作，附带还会为满足客户需要开展一些补充调查。

政府各部委设立统计机构，负责本部门范围内的专业统计调查，同时接受 INSEE 领导。部门统计机构具有法定独立性，无论是执政党更换，还是政府部门撤并，这些统计机构始终保留。

2. 统计调查核算制度安排

法国统计调查制度体系由普查制度、抽样调查制度、典型调查制度、专业资料收集制度、全面统计报表制度和国际数据统计制度组成。普查制度涉及人口、工业、农业和第三产业普查制度，抽样调查制度涉及企业及机构调查制度、物价调查制度等，典型调查制度主要是针对经济调查设置的。

法国国民经济核算制度体系以 1993 年 SNA 体系为框架，由 INSEE 国民核算司负责组织核算，主要完成 GDP 核算、投入产出核算和资产存量核算。国民核算司不直接进行调查，核算资料来源于各专业司和有关部门。资金流量核算与国际收支核算由法兰西银行负责。

3. 统计法律制度安排

法国的统计法律制度体系分为两个层次：第一层次为统计基本法，第二层次为统计法令、法规。法国统计基本法于 1951 年颁布，并经过 8 次修改，目前比较完善。统计基本法对统计义务、统计协调和资料保密、统计活动参与者的权责、统计违法行为及处罚都有规定。

为统计基本法顺利实施，又配套颁布了《关于信息化、资料库和自由的有关规定》等一系列统计法令、法规，与统计基本法一起构成了较完整的统计法律制度体系。

1962 年，法国国家统计信息委员会设立了仲裁委员会，负责统计执法监督。仲裁委员会主任由财政经济部长或其代表担任，成员有国民议员、参议院议员等七个方面代表。

INSEE 的经费主要来源于国家预算，由财政经济部按拨款议案规定统一拨付，部分来源于统计有偿服务收入。

（二）法国统计制度的特点

1. 统计管理体制相对集中，管理效率较高

法国的政府统计管理体制属于相对集中型的统计管理体制，INSEE 对地方统计分支机构进行垂直管理，是部门统计机构的统计业务领导，全国都要遵守 INSEE 制定的统计制度、方法、标准及各种规范，全国统计工作保持一致性、可比性、高效率。

2. 统计法律制度体系完整，政令一致，实施较好

法国由 INSEE 统一负责统计法律、制度、方法的起草、制定和贯彻执行。各项统计法律、法令、法规一旦公布，各部门、各地区必须遵守。① 统计规范统计法律、法令、法规的执行程序，并设有专门的统计执法机构，在相对完善的统计法律制度及实施体系框架下，统计违法行为与处罚明确，所以在减少统计违法行为及统计违法案件的查处等方面工作都开展得较好。

3. 统计协调能力较强

国家统计信息委员会由 INSEE 及办事处等各相关方成员按比例组成，对全国统计工作进行全方位的协调，代表了

① 黄应绘："中国统计法律体系的国际比较及改革"，《统计与决策》，2004 年第 8 期。

政府与公众等多方的意愿，能够协调好各方在各项统计工作中的关系。

七、其他国家统计制度安排

（一）澳大利亚统计制度安排及特点

1. 澳大利亚统计制度安排

（1）统计管理体制安排。澳大利亚的统计管理体制经历了从分散型向集中型转变的过程，目前统计管理体制为专业集中、地方集中型统计管理体制。官方统计机构为澳大利亚统计局，隶属于财政部，管理全国统计工作，主要职能是为澳大利亚政府和地方政府提供统计信息服务；收集、整理、分析统计调查数据，发布统计信息；协调各部门统计工作关系；制定统计标准、制度体系，并负责监督执行。澳大利亚统计局内设有经济统计组、人口统计组、八个地方统计局和全国统计咨询委员会。

（2）统计调查核算制度安排。统计调查制度主要包括普查制度和抽样调查制度及行政记录收集制度。澳大利亚国民经济核算制度体系是在 SNA 基础上建立起来的，由澳大利亚统计局经济统计组负责核算，运用投入产出法核算季度和年度的 GDP。

（3）统计法律制度安排。澳大利亚统计法律主要有 1905 年颁布的《普查和统计法》和 1975 年颁布的《澳大利亚统计局法》。《澳大利亚统计局法》对澳大利亚统计局的职能、负责人、工作人员和澳大利亚统计咨询委员会和统计年度报告做出了规定。《普查和统计法》对普查的范围、公民义务、工作人员原则等做出了规定。

澳大利亚统计局的经费来源于政府财政拨款和有偿咨询服务收入，政府财政拨款占绝大比重。

2. 澳大利亚统计制度的特点

统计管理体制为专业集中、地方集中型统计管理体制；统计制度设计以公众需求为导向，将统计信息作为准公共品；避免统计工作重复交叉，充分利用部门统计数据和行政记录。

（二）韩国统计制度安排及特点

1. 韩国统计制度安排

（1）统计管理体制安排。韩国政府统计管理体制是专业分散、地方集中型。中央统计机构为韩国统计厅，下设政策弘报管理室、统计政策局、经济统计局、社会统计局、统计信息局和统计研究院。在全国各地区设立统计地方分支机构：包括 12 个地方厅和 35 个地方统计派出机构。

中央政府各部委都设有统计机构，独立进行调查统计，其统计调查活动占了韩国政府统计调查的绝大比重（70%以上），其中以农林水产部、社会保障部和劳动部调查较多。

地方厅由统计厅垂直管理，主要承担各类重大调查的现场调查工作，并定期向统计厅报送人口资料。

（2）统计调查核算制度安排。韩国统计调查制度包括普查制度、经常性调查制度和抽样调查制度等，开展人口普查、住房普查、基本单位普查等多项普查，家庭收支调查等经常性、抽样调查。韩国从 1986 年开始采用 SNA 国民经济核算制度体系进行国民经济核算，采用生产法、支出法和收入法对 GDP 进行测算，并测算 GDP 缩减指数。

（3）统计法律制度安排。韩国统计法律制度体系以 1962 年颁布并经多次修订的《统计法》为基本法律，并配合发布一系列统计法令，如统计法实施令、统计法实施规则等，构成统计法律制度体系。《统计法》主要对统计义务、使用资格、信息保密、资料公布、违法处罚做了较详细的规定。

韩国统计厅经费来源于财政预算，统计厅负责地方统计机构经费和进行调查所需的经费。

2. 韩国统计制度的特点

韩国政府建立了较完善的服务业统计制度体系，包括服务业普查制度、服务业经常性调查制度、服务业抽样调查制度等。

韩国统计厅对统计方法、制度宣传力度较大，设有专门宣传机构，使公众对统计知识和工作程序、规范有较多的了解。

统计经费预算制度规定了统计经费的来源、预算方法和时间，从制度上保证了统计工作的有序展开。

第二节 发达国家统计制度的可借鉴之处

在对发达国家各项统计制度安排情况及各自特点进行分析后，我们认为它们的统计制度安排存在着一般规律性，有些长处或经验能够为我国统计制度创新提供借鉴。

一、统计管理体制的可借鉴之处

在统计组织管理体制方面，各国应根据本国的特点，如对国土面积和人口规模的大小、经济的发展水平和政府管理的方式等多方面综合考虑，来选择不同的统计组织管理体制。可侧重于政府综合统计，也可侧重于部门统计，选择的关键在于建立适合本国国情。

（一）根据国家社会经济发展阶段选择统计管理体制

统计管理体制在适应经济社会发展阶段时可发挥较好的作用，这一点我们可以大致通过世界各国的经济、人口、土地总量和相对量看出（见表5－2）。分析各国基本情况及所采取的统计管理体制，我认为：

（1）在人均GDP超过4万美元的国家，无论是采取何种管理体制，由于经济基础雄厚，统计经费充足，统计各方面配置较高，统计管理体制运行较顺畅；人均GDP低于4万美元的国家大致采取了专业分散、地方分散型统计管理体制，统计管理体制运行中存在较多问题。

表5－2　　2008年部分国家统计资料

国家和地区	国土面积（万平方公里）	年中人口数（万人）	人口增长率（%）	人口密度（人/平方公里）	人均GDP（美元/人）	统计管理体制
中国	960.0	132465.5	0.51	142.02	3396.4	专业分散、地方分散
印度	328.7	113996.5	1.34	383.41	1026.1	专业分散、地方分散
日本	37.8	12770.4	－0.05	350.35	41861.5	专业分散、地方分散
韩国	9.97	4860.7	0.31	501.52	17093.9	专业分散、地方集中
加拿大	998.5	3331.1	1.01	3.66	41147.9	专业集中、地方分散
美国	963.2	30406.0	0.92	33.19	48059.0	专业分散、地方分散

续表

国家和地区	国土面积（万平方公里）	年中人口数（万人）	人口增长率（%）	人口密度（人/平方公里）	人均 GDP（美元/人）	统计管理体制
法国	54.9	6227.7	0.55	113.72	44069.4	专业集中、地方集中
德国	35.7	8211.0	-0.19	235.43	42936.1	专业集中、地方分散
荷兰	4.2	1644.6	0.39	487.13	50332.4	专业集中、地方集中
英国	24.4	6141.4	0.67	253.85	37395.3	专业分散、地方分散
澳大利亚	774.1	2143.2	1.69	2.79	45920.6	专业集中、地方集中

资料来源：《中国统计年鉴 2010》。

（2）在国土面积较小的国家中，专业集中型统计管理体制可能会发挥更大优势；在国土面积较大的国家中，地方集中型统计管理体制可能更有比较优势。

（3）在人口数较少、人口密度较小的国家中，专业集中型统计管理体制较具优势。

通过以上分析，作者发现统计管理体制的选择需要符合国家社会经济发展阶段要求，并在发展过中不断调整。

（二）根据国家政府统计服务要求选择统计管理体制

在市场经济体制下，政府统计工作职能已经发生了明显转变，为公众和政府提供全面、准确、及时的统计数据是统计工作的重要目标之一，因此政府统计管理体制改革应能增进公众对统计方法制度和指标解释的认识，增强公众在调查中的合作意识，促进统计技术方法的创新，保证统计工作目标顺利实现。

（三）组织管理上设立专门统计协调机构

为了高效率地做好统计工作，发达国家一般都建立了协调机构，如2007年日本《统计法》修订的一个重要内容就是设立了统计委员会，并在《统计法》的第七章做了全面阐释。再如，德国建立了统计顾问委员会、局长会议、统计协调和合理化跨部委员会、司长级统计管理委员会等多个统计咨询协调委员会。统计协调机构负责处理中央统计机构、部门统计机构、地方统计机构之间的统计工作关系，保障了统计工作顺利开展，统计信息满足需要又不重复交叉。

二、统计调查核算制度的可借鉴之处

根据各个发达国家统计调查核算制度的特点，我们认为在我国实施统计调查核算制度的主要理由是：

（一）统计调查核算实施机制健全

发达国家统计调查核算制度体系存在很大差别，各有特点，但综合来看，统计调查制度较好发挥作用都离不开调查实施机制的健全，如农业技术现代化水平非常高的加拿大农业普查工作开展得比较好，这既取决于先进的统计技术，更归功于普查在制度规范和实施机制上的健全和完善，特别是实施机制上的完善。

（二）抽样调查制度较完善

从发达国家统计调查核算制度安排来看，抽样调查制度占据了调查制度体系中的主体地位，主要是市场经济体制下调查制度安排遵循市场经济规律，在节约调查成本上、保证时效、准确性等方面抽样调查方式均显示出明显的优势，因而抽样调查制度得到发展完善和广泛实施，其他统计调查制度的作用在历史发展进程中则相对弱化。

（三）统计调查核算制度体系相对完善

发达国家统计核算工作效率较高，主要还是由于核算制度、核算方法相对完善合理，并与国际核算制度规范、核算方法形成了有效的对接。还有一个关键因素就是核算所需数据准确、及时、完整、可靠。这就对完善调查制度体系提出了内在要求。完善的调查制度体系是及时、准确提供数据的基本保障。

三、统计法律制度的的可借鉴之处

根据各个发达国家统计法律制度安排特点，我们认为统计法律制度有效实施的原因有以下几点：

（一）统计法律制度实施机制健全

发达国家完善的统计法律制度体系不仅体现在法律实体上，还体现在法律程序上，如法国统计法律对罚款的适用条件、程序及流向做了详细的规定，使统计执法有据可依。首先，在对统计违法对象进行罚款前必须经过催告程序；其次，罚款需征求 INSEE 的意见，由主管 INSEE 的部长宣告罚款的决定；最后，罚款完全按照罚款收缴条例规定的程序收缴。[①] 正是由于法律程序完善，才使得法律规定发挥了应有的效力。

① 黄应绘："中国统计法律体系的国际比较及改革"，《统计与决策》，2004 年第 8 期。

（二）国家法律制度体系健全

发达国家统计法律制度实施效果较好，除了统计法律制度体系和统计法律制度实施机制本身健全外，还与其国家整体法律制度体系健全、法治环境良好直接相关。例如，美国统计法律制度在制定与实施过程中，都要以美国《宪法》为根本依据，此外还与《劳工法》、《教育法》、《农业法》等多部法律制度规范相互间协调一致。

（三）重视统计法律制度宣传

统计工作开展较好的发达国家非常重视统计发展及统计法制建设。在统计法律制度建设过程中，让公众自觉遵守统计法律制度是非常重要的方面，如韩国非常注重统计宣传工作，建立专门机构，提高公众对统计工作的认识和统计法律制度认知度。目前韩国公众对统计的认识明显加强。实践表明：应从统计给公众带来利益和统计工作依据的统计制度及程序等方面进行宣传。有效的宣传能够提高公众对统计制度的认知程度，促进依法统计。

四、其他方面的启示

（一）统计制度之间要相互配套

发达国家各项统计制度间彼此协调，相互补充，所以统计工作效率较高。在美国、法国、加拿大、日本和德国尤其突出，我们发现，不同的统计管理体制对统计需求并没有产生明显的差异化影响，也就是说各国根据本国自身的特点选择了适合本国的统计管理体制。

（二）加强网络信息化建设

网络信息化加速了信息的传输速度与频率，而统计网络信息化大大方便了信息统计工作者与各类统计数据用户，提高了统计信息发布工作效率。如美国根据统计法律制度规定，利用互联网发布统计数据，各类用户可以根据自己的需求访问政府统计网站轻松查找相关统计数据，并可下载所需数据，数据的时效性迅速增强。统计网络信息化的同时，创立完善的网络信息统计制度也提上了议事日程，在完善的统计制度体系下，网络信息化建设使统计制度宣传速度加快，统计技术与统计制度变革速度加快。

第六章
对中国统计制度创新的建议

统计制度创新是在现有统计生产条件下，通过创立、调整形成新的行为规则体系及统计活动参与人相互之间的新关系，统计制度创新的目的是降低统计活动的成本，激发统计活动参与人的创造性和积极性。统计制度创新过程不断推进统计制度的标准化。统计制度标准化是指建立从原始数据的采集、加工到最终产品的形成以及发布的全流程的管理制度和统计业务遵循的标准，包括统计工作相关法律、法规，统计调查制度及统计分类标准，统计数据管理制度，统计数据发布制度，信息反馈制度，失实信息处理制度，审核批准制度以及统计数据发布质量评估标准等一系列制度，制度的标准化使得统计工作做到“有法可依”。①

① 安康、韩兆洲：“倡导统计标准化”，《中国统计》，2011 年第 11 期。

统计制度创新要遵照总体效用最大化原则，发挥统计制度的经济、政治和社会功能。本章从统计管理体制创新、统计调查核算制度创新与统计法律制度创新三个方面来研究中国统计制度的整体创新。从制度创新的次序来看，统计调查核算制度的创新会先于统计管理体制和统计法律制度的创新。在不同的历史阶段，统计制度创新的层次与重点存在较大差异，总体来说，统计制度的有效创新，必须保障不同制度间的协调。本章主要观点有：第一，在综合考虑中国国情和现行统计管理体制实施状况不佳的情况下，设计了多元统计管理体制，建议设立第三方监督机构和统计咨询协调机构，形成有监管、协调的多元统计管理体制，并提出加强统计人力资源开发和利用的建议。第二，设计了由第三方机构对统计调查制度制定、实施进行监督的统计调查制度体系，建议提升普查制度与经常性调查制度的法律地位，精简经常性调查制度，建立行政记录报告制度，完善统计核算制度。第三，建立法令统一、权责一致、公众认可度高、执法有效的统计法律制度体系。第四，各项统计制度协调一致，实现整体、系统创新。

第一节 中国统计管理体制创新的建议

一、建立三元统计管理体制

当前阶段中国不采用专业集中、地方集中型的高度集中的统计管理体制，主要原因在于社会生产力没有发达到有能力支持采取高社会成本、经济成本和管理组织成本的高度集中的统计管理体制方式，具体分析，我认为存在以下几个制约因素：

（一）中国的社会生产力水平决定统计管理体制的非高度集中性

从国家经济实力角度看，中国经济实力有待提高，对《2010 中国统计年鉴》国际比较资料进行整理分析，客观事实是：中国 2008 年人均 GDP 为 3396.4 美元，低于世界平均水平 8703.2 美元，约是荷兰人均 GDP（世界第一）的 1/15，在世界 210 个国家和地区中排在第 130 位，所以从经济实力看很落后，即使存在经济高速增长，但也难以在短时间内迅速提升总体实力，因此，当前及未来一段时期统计工作开展所依赖的经济资源是有限的，统计制度体系运行费用所占的份额是很小的。所以，从中国经济发展所处的历史阶段来看，中国目前不适合采取专业集中、地方集中型的高度集中的统计管理体制。

（二）中国统计人才相对缺乏决定统计管理体制的非高度集中性

从国家统计人力资源现实看，中国统计人力资源严重不足且短时间内难以迅速增加。中国是世界人口最多的国家，但统计从业人员所占的比重很小，且结构上也不尽合理，高端统计人才尤其匮乏，统计人才培养的规模较小，难以短时间内提供大量统计人才。因而从统计工作制度、方法及统计技术的研究，到统计制度、方法的具体实施，都无法满足全方位的高度集中统计管理体制的要求。

（三）统计管理的成本相对较高决定统计管理体制的非高度集中性

从国家管理的行政成本来看，中国行政管理成本与发达国家相比是极高的，统计行政管理成本在当前也是很高的，这说明中国国家和地方的行政管理能力和效率还需要大幅提高。很显然，如果采用高度集中的统计管理体制，目前统计管理能力和效率显然是难以与其相匹配的，此时采用高度集中的统计管理体制对统计工作的开展也是非常不利的。

（四）中国国情与统计管理体制的现实决定三元统计管理体制可行

中国现行的专业分散、地方半分散的统计管理体制明显存在着多方面的不适应：一是与市场经济体制不适应，统计管理权被条块分割，中央政府统计的独立权威性还没有建立；二是统计工作的责、权、利不统一，各统计机构之间统计工作关系不协调，且协调成本极高；三是统计管理过于松散，难于形成严谨的统计工作作风和有序的统计工作秩序。

在综合考虑中国国情及统计管理体制的现实状况后，我认为，涉及国民经济基础统计工作及重点统计工作应采取由中央政府统计机构“统一领导，统一管理”的高度集中管理体制（统计业务、人员编制和经费统一管理），其他统计工作由地方政府统计机构及部门统计机构来承担，统计业务、人员编制和统计经费由地方政府或部门领导管理，地方政府统计机构及部门统计机构均不归属于中央政府统计机构，与中央政府统计机构的关系是协作关系，形成“三元”统计管理体制（见图 6－1）。中央政府统计机构设置应具有法律规定的权威性地位，为全国政府统计工作制定统一的权威性标准、并负责先进统计技术方法创新与推广，部门统计与地方政府统计都必须按照统一标准、统一方法来开展各项统计工作，如不执行统一标准和统一方法，则被视为统计违法，要受到相应的惩罚。

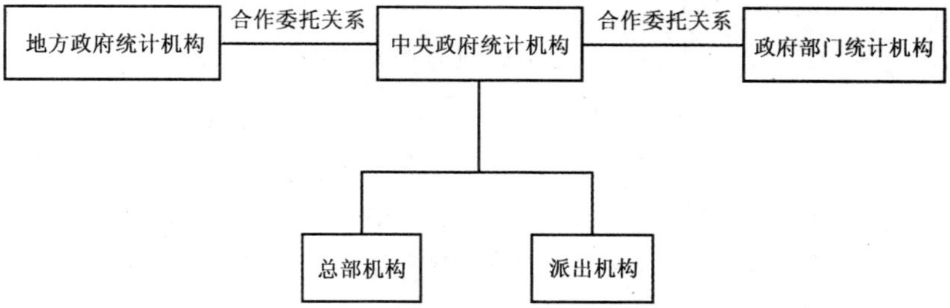

图 6－1 统计管理体制结构示意图

未来随着社会经济发展实力、人才实力和统计技术等的增强，我国可适时向相对集中型调整统计管理体制，采取渐进的方式实现分阶段的统计管理体制改革目标。

二、建立统计管理协调机制

为协调国家统计机构与部门统计机构和地方统计机构之间的关系，避免政府统计工作重复和遗漏，应建立统计协调机制，以减少制度摩擦，减少制度运行成本。

（一）建立统计管理协调机制的必要性

统计协调机制是促进中央政府统计和部门统计、地方政府统计协调发展，提高政府统计整体效率的客观现实要求，是实现统计专业化与精细化管理、提升统计工作质量的重要途径。具体来讲，建立统计协调机制的必要性体现在：

1. 中央政府统计和部门统计关系需要协调

近年来常出现的中央政府统计和部门统计数据打架的现象，反映了中央政府统计和部门统计关系的非协调性。统计协调机制的建立并有效运行是统计计算方法、口径等统计技术统一性的前提，是杜绝数据“打架”的根本措施，同时也是减少部门间重复统计、实现统计信息的完整衔接与共享的有效保证。

2. 中央政府统计和地方政府统计关系需要协调

GDP数据与地区生产总值合计数据的巨大差距，表明了中央政府统计和地方政府统计关系的非协调性。统计协调机制的建立并有效运行是提高中央政府统计权威性、完善地方政府统计工作，为各级政府提供准确决策信息、为社会公众提供高质量的统计服务的有效保障。

3. 地方政府统计和部门统计关系需要协调

地方政府统计和部门统计表现的各自为政、缺乏联系部分反映了两者关系非协调性。统计协调机制的建立并有效运行有助于加强基层统计部门与政府统计部门的分工与协作，根据政府部门决策需求与市场需求完善基层统计工作，提高基层统计工作效率和统计信息使用效率。

（二）统计管理协调机制的建立

1. 建立统计管理协调组织常设机构

建立统计协调组织常设机构作为统计协调机制建立及运行的载体，机构成员由各统计活动参与方按一定的比例构成，按符合中国统计工作开展的形式进行组织管理。统计协调组织常设机构主要职能是建立统计机构协调机制，负责协调各统计机构之间的关系。

2. 赋予统计管理协调组织常设机构的法定地位

为有效发挥统计协调组织常设机构作用，有必要以律法的形式明确规定统计咨询协调常设机构的地位、拥有的权利和承担的责任。该机构在法律框架下规定各级政府和部门的统计范围和权限，并负责统计工作的整体协调。

3. 建立中央政府统计、地方政府统计和部门统计三方

管理协调机制

由统计管理协调组织常设机构组织理论经济学家、法学家和社会公众研究政府统计管理相关问题，为国家统计局提供相应的建议报告，为统计决策提供依据。逐步形成中央政府统计、地方政府统计和部门统计的两方协调与三方协调的良好局面。

三、建立第三方监管机构

为提高政府统计工作效率、统计管理能力和统计管理体制运行效率，应建立第三方监督机制。相应地要建立第三方监督管理机构，对统计管理体制运行状况予以监督，对统计管理成本进行核算。建立第三方监督管理机构的原则是独立性、中立性、超然性，保证监管有效。

（一）第三方监督管理机构设置

建立统计监督检查委员会，委员会由主任（国务院分管副总理兼任）、总统计师、一般委员（经济学家代表、统计学家代表、统计工作者代表、企业代表、公众代表）组成。并设立地方统计监督检查委员会分会。

（二）第三方监督管理机构主要职责

1. 制定统计监督管理评价标准和评价方法

根据国家及地方政府统计的客观需求，从统计经费数额、统计人员数量、统计人员交流数量、统计工作环境、统计产品的数量与种类、统计管理的专业化程度等方面提出对统计工作监督管理的评价标准及评价方法。

2. 对各级政府统计工作开展进行检查监督

根据评价标准和评价方法，统计监督检查委员会及分委员会采用定期与不定期结合的方式对各级政府统计工作的开展情况进行检查监督，并做出客观评价。

四、加强统计人力资源的开发和利用

加强统计人力资源的培养、开发和利用是统计体制创新的重要条件。社会经济产出的最关键因素是人，人的主观能动性对社会经济的发展至关重要。统计活动过程是数据信息生产过程，数据信息生产的数量和质量都离不开大量统计工作人员，更离不开高层次统计人才客观、合理的分析与展示。在当前统计人力资源严重不足的情况下，加强开发和利用，将有助于统计管理体制创新和有效运行。我认为，加强统计人力资源的开发和利用应从三个方面来同步推进：

（一）开发和利用现有统计人才，提高统计管理及统计业务能力

1. 完善统计干部选拔机制

优化统计干部选拔机制，统计干部选拔中注重统计道德建设、统计法制化建设、统计管理能力、统计技术能力、工作协调能力等方面的考核，保证最优秀的高级统计管理人员成为各级政府统计机构和部门统计机构的高层管理人员，提高统计管理水平。

2. 加强统计人才的理论与实践技能培训

将短期培训与长期学习有效结合，加强统计项目、方法、制度等方面的国内外交流与合作，加强统计学习的时效性，尽量在短时间内使统计人才素质有明显提高。

对现有统计人员进行短期与中长期培训时，应将培训的重点放在基层统计工作者上，因为基层统计工作者的统计工作能力直接决定着统计的源头质量。

（二）吸收新生力量，提高工作活力及工作效果

吸收高校优秀毕业生，进行培养，造就一批社会统计、科技统计、法律统计、经济统计、数理统计等专业人才和复合型人才。使统计人员结构向合理化、年轻化、科技化、信息化、法制化、合作化转变，提高统计工作效率。

（三）让统计工作者进入校园、学生进入工作现场，强化合作基础

统计制度的发展与完善，取决于社会经济发展的状况，同时也与统计方法制度研究及统计教育的发展有着极为密切的关系，尤其是统计方法制度研究对统计制度的完善具有更为积极的作用。

让统计工作管理者和普通工作者进入校园，向学生讲解国家统计管理体系现实情况、当前国家统计工作的重点及需要改进的地方、当前统计人才需求的重点等统计实际工作情况，使学生树立一个统计研究与实践的学习目标，为毕业后及时走上统计工作岗位做好准备。让学生进入统计工作现场，深入体会统计理论与实践有效结合的关键，帮助学生把握学习方向和学习重点。长期交流能够达成统计工作的共识，促进统计合作，也为国家统计的发展提供人才保障。

综合以上分析，我认为，中国目前适用的统计管理体制应是多元统计管理体制，并设第三方监督机构和统计管理协调组织机构，形成有监管、协调的，有改革发展后劲的多元统计管理体制。中国政府统计管理体系总体设想可见图 6－2。

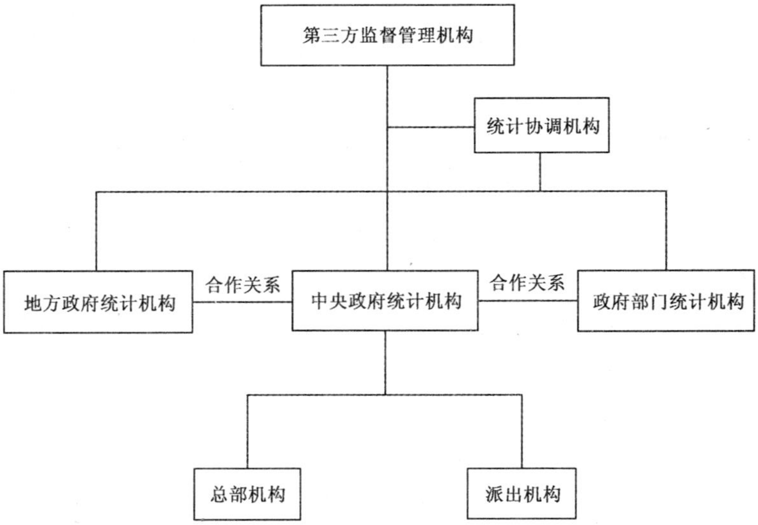

图 6－2　政府统计管理体系图

五、完善社会主义市场经济体制，推动统计管理体制改革

当前中国社会主义市场经济还不发达，需要根本解决存在的深层次经济体制矛盾，加快政府职能的转变。

（一）将经济管理的职能从地方政府职能中分离出来

由中央一级政府对宏观经济进行管理调控，将微观经济体应该担负的责任还给微观经济体，减少中央一级政府对微观经济的过度干预，减少地方政府经济管理职能，取消地方政府经济指标考核办法，避免由于政府行为造成的条块分割、各自为政现象，增强市场调节作用，健全社会主义市场经济体制。与市场经济体制改革相一致，推进统计管理体制改革，明确各级政府统计机构职责，减少统计管理条块分割现象的发生。

（二）建立合理有效的地方政府考核机制

由于原有考核机制的指引，地方政府往往以抓 GDP 为重点工作方向。其实，地方政府重点工作应是为社会公众提供公共产品与公共服务，主要发挥其社会管理与社会服务功能，如对社会安全与稳定、扩大就业、环境保护等方面提供保障，所以应就其工作重点建立考核评价体系，考核评价体系应以社会公众对政府提供的公共产品与公共服务的满意程度作为考核的标准。在改革地方政府考核机制的同时，需要明确地方政府统计工作重点、服务对象，建立以提供统计服务为主要目标的地方统计管理机制，进一步增强统计服务意识。

第二节　中国统计调查核算制度创新的建议

一、中国统计调查制度创新建议

（一）构建统计调查制度基本框架

在当前市场经济体制下，结合中国统计工作实际，合并有重复的统计调查制度、完善需要改革的统计调查制度、创立新的统计调查制度，形成重新组合配置的调查制度框架体系，更好地完成统计数据调查任务，从制度上保障统计数据来源质量。

为实现高效的统计调查，按照“谁调查、谁负责、谁出钱”的原则确定统计调查各方的权利、责任和义务。我认为，统计调查制度的法定框架应包含普查制度、经常性调查制度和其他调查制度所涉及的质的规定和量的规定。统计调查制度体系基本框架见图6-3。

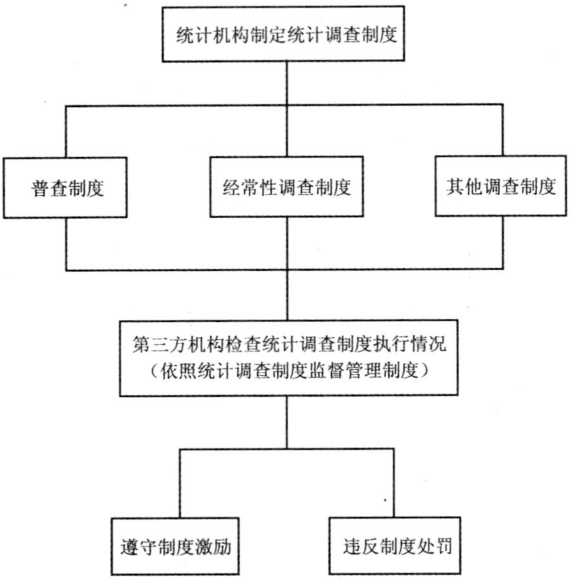

图6-3 统计调查制度基本框架

1. 确立普查制度的法定地位

参照西方发达国家普查制度及普查工作开展情况，作者认为应颁布普查法，以立法形式规定普查实施的范围、时间、标准、程序及各方的权利义务。

2. 确立经常性统计调查制度的法律地位

建立经常性统计调查制度主要是为了较好地完成国家日常管理及决策必需的经常性统计资料的搜集任务，对经常性统计调查制度应以立法形式予以规定，精简经常性调查统计制度。创建并实施新的基层统计“一套表”制度，设计满足政府及经济主管部门需要、各行业兼容、体现专业特点、指标口径协调的新"一套表"。建立新统计"一套表"制度实施机构，组织实施"一套表"制度，协调各方关系，做好"一套表"业务培训；重组抽样调查制度体系，建立全面完整的抽样框架，实行中央一级抽样，满足中央政府信息需求，地方政府信息需求由地方政府按照统一的规范自行组织调查解决。

3. 建立统计调查监督管理制度

统计调查监督管理制度应明确规定第三方统计调查监督检查机构的独立地位、对统计调查制度执行情况做出检查监督的权利和应该履行的义务。第三方统计调查监督检查机构对违反统计调查制度的各项行为。对违法行为的处罚标准一定要遵循违法成本大于收益的原则，并通报各统计调查利益相关方。

（二）推动统计调查方法技术创新，提高统计调查效率

制度的好坏是以是否符合客观实际为标准评判的，统计调查制度的好坏也要依据统计调查生产力标准进行评判，所以统计调查制度的创新要配合统计调查方法技术的创新。统计调查方法技术的创新依赖于统计调查从业人员统计技术能力的升级。

1. 制定统计调查从业人员能力提升制度，提高调查工作效率

统计调查从业人员统计技术能力的升级，可通过统计技术复制、统计技术创造性模仿和统计技术自主创新三个层次实现。统计技术创新的层次决定于统计技术能力，要与统计技术能力相适应才能取得最佳的统计技术创新效益。因此，应将提高统计调查从业人员技术能力作为一项目标，制定相应的制度。

（1）建立统计调查从业人员常态化培训、考核制度。将统计调查从业人员培训、考核制度纳入管理范围，从强制学习方面提高统计调查从业人员业务能力。

（2）建立统计调查从业人员自我学习激励制度。从物质和精神方面激励统计调查从业人员积极参与各项有助于提高统计调查技术技能的活动，通过主动自我学习提高业务能力。

（3）建立统计调查方法研究与传播委员会。定期研究统计调查从业人员技术能力提高的方法，研究统计调查方法技术创新的思路和途径。

2. 制定统计调查方法技术创新标准及适应性评价制度

（1）通过创新标准，明确创新范围，激励统计调查利益相关者及社会学者参与统计调查方法技术创新。

（2）通过创新适应性评价制度，判定统计调查方法技术创新的必要性和可行性，激励统计调查方法技术有效创新的产生。

提高在统计调查人员技术能力的前提下，形成激励统计调查方法技术创新的氛围，完成从统计技术复制向统计技术自主创新的飞跃。

（三）建立和完善行政记录报告具体相关制度

为节约调查成本，减少重复工作，可充分利用行政记录。应建立行政记录定期报告制度，详细规定各级政府机构、各部门报告行政记录的权利与责任，规定报告的主要内容和时限，保障行政记录真正起到减少基层单位统计工作负担的作用。

在专门的政府统计部门建立之前，行政记录事实上履行了政府统计的职能。当前，政府统计职能有效履行仍少不了行政记录，因为使用行政记录能够补充调查资料的不足，有利于统计调查制度的完善和统计调查数据质量的提高。

1. 建立行政记录定期报告制度

明确规定各部门行政记录报告的范围、时间、形式和报告程序等，规定报告方及接收方权利及义务。

2. 建立行政记录的保密制度

明确规定各类行政记录所适应的保密法令，规定行政记录使用范围、保密级别、保密时间及各方使用权限。

3. 建立行政记录提供及使用考核制度

考核各行政记录提供方的执行力和执行程度，考核行政记录接收方对行政记录的利用程度，确保行政记录的切实有效使用，避免相同资料的重复调查。

（四）完善服务业调查制度体系

服务业在国民经济中所占的比重越来越大，服务业行业还在不断细分，服务业统计日益重要，并日益复杂，因此应逐步完善服务业调查制度体系，以服务业普查制度、服务业经常性调查制度和服务业抽样调查制度等统计调查制度完善为初步目标，并注重各类服务业调查制度间的协调与互补。

1. 服务业调查制度要统一规范

当前，统计管理部门的多极性使得服务业调查制度缺乏统一性，部门与地方各自为政，职责不清，这带来了最直接的不良后果——服务业统计工作的重复与遗漏。

2. 服务业调查制度应成为体系

服务业调查制度涉及细分行业的各类服务业调查制度安排，在设计时要整体考虑，结合服务业的特点保证服务业普查制度、抽样调查制度等有机结合在一起，互相补充。

二、中国统计核算制度创新建议

（一）建立统计核算、会计核算和业务核算一致性制度

1. 依据国际惯例，建立以统计核算为核心的国民经济核算制度体系

根据国际可比性要求，在国民收入统计为主的统计核算基础上，有效应用会计核算和业务核算方法原理，加快经济账户制度建设步伐，实现宏观账户体系与微观账户体系的协调一致。

2. 遵循权责发生制原则，充分体现发展绩效

根据国际上对统计能力建设的要求，统计核算应遵循“以实质取得收入权利或支付责任作为确认债权和债务的权责发生制原则”。

（二）创新 GDP 核算制度

1. 建立相对完善、可行的服务业调查核算制度体系

将服务业统计作为当前统计的一个重要内容，建立限额以下批发零售业、住宿餐饮业等重点服务业的服务产品产值调查制度和基本核算制度，并建立临时性服务核算制度。

2. 建立地区统计核算方法一致性制度，避免利益追逐带来的核算差异

国家对各地区 GDP 核算中涉及重复计算的问题，如涉及的指标、标准、方法等做出制度性规定，从统计法律法规建设及执行方面杜绝人为干扰因素。

（三）调整投入产出核算制度

投入产出核算技术虽然有所提高，但随着市场经济的发展，投入产出表的编制面临的环境越来越复杂，要本着节

约、高效的原则，根据现实条件调整投入产出核算制度。

1. 解决资料搜集的问题，把好核算制度实施入口关

当前需要进一步完善统计报表制度体系，在国家统计调查一套表制度安排下，可合理利用会计报表制度形成的信息，并充分利用现代化信息技术来减轻基层单位填报的负担，同时又保证了资料的准确一致。

2. 解决统计核算技术问题，提高核算制度效率

投入产出统计核算制度发挥作用必须要有投入产出核算技术支撑，我认为需培养更多统计核算专业技术人员，同时，让公众对统计核算基本常识有所了解，这就要形成专业技术人员培训制度和统计核算理论与方法宣讲制度，带动统计核算人员技术能力的提升，增强公众对核算方法的理解。

3. 根据国际经验与中国国情，适时调整投入产出核算制度

许多西方国家在投入产出核算制度安排及技术处理上为我国投入产出核算制度的完善及技术改进提供了参照，我们可以综合多国的成功经验，根据国情国力和技术水平的变化，适时调整投入产出核算制度。

4. 满足现实统计核算需要，完善服务业投入产出核算制度

服务业在社会经济发展中的作用越来越强，不仅在调查制度设计及调查过程中要注重服务业统计信息的收集，也要加强服务业投入产出核算。在确保服务业投入产出核算技术可行的情况下，建立相对完善的服务业投入产出核算制度。

（四）建立环境资源核算制度

建立可持续发展的核算制度体系需要将环境资源核算考察进来，对环境资源投入产出进行核算。在建立核算制度的前提下，建立核算账户。

1. 建立环境资源成本和产出核算制度

规定环境资源成本和产出包含的范围、核算的资料所属时间及核算完成时间、核算的方法、核算组织方的权利与义务。

2. 建立环境资源成本和产出核算账户

在环境资源成本和产出核算制度安排下，运用建立投入产出核算账户的方法建立环境资源成本和产出核算账户，确定投入与产出指标。应明确的是投入的是环境成本，是治理环境所投入的全部费用，产出是治理环境所对应的产出，投入与产出的关系可以借助于各行业、部门资源消耗比重与对GDP的贡献来对比分析。

（五）保障统计核算制度的一致性

借鉴西方发达国家统计核算制度的先进经验，从统计核算资料的完整性、准确性和可比性，核算方法的科学性等方面改善统计核算基础条件，建立支出法GDP核算制度与其他核算制度的衔接一致关系。

第三节

中国统计法律制度创新的建议

统计法律制度体系的完善需要中国法律制度体系的全面完善及法治环境的全面改善，在这个过程中，我们应遵循市场经济发展规律，结合中国特点对统计法律制度体系进行创新与完善，作者认为应从以下方面着力推进改革创新。

一、健全统计法律制度内容体系

在原统计法律制度体系基础上，完善统计法律制度规范的内容，对统计法每一条规范做出司法解释。将统计法律、法规、规章的立法权归一化管理，以统计法律为准绳设立统计法规和规章，实现政令统一，使统计法律制度发挥较好效果。

（一）立法权归一化管理

统计法律、法规、规章的立法权归一化管理。所有统计法律、法规、规章的制定权都归属于同一个机构，在共同遵守宪法的基础上，保证统计法律、法规与规章规范总体目标的一致性，保证统计法律的基础地位，发挥统计法规和规章的辅助作用，实现统计法律制度体系内的协调一致。

（二）权利与责任配比合理

在我国《统计法》中应增加统计活动各方参与者权利和责任条款，以保证每一方的权利和责任是对等的，由此可以提高统计法律制度的公众认可度。

（三）明确规定参与主体地位

在我国《统计法》中应明确规定统计活动各方参与者的地位。统计活动各方参与者的法定地位明确，可以避免统计关系事实不平等现象的发生，将政府统计机构的服务功能有效发挥出来，可有效减少统计违法案件的发生。

（四）统计经费的法定保障

在我国《统计法》中应增加政府统计经费保障条款。

中国目前经济发展水平还不高，国民收入中用于政府统计的经费有限。在统计工作量日益繁重的时期，如果经费存在很大的缺口，很难保证统计工作保质保量完成，因而法定的统计经费保障对统计工作的持续发展都是非常重要的。当然，在经费保障的同时，也应重视经费的有效、合理使用。

（五）注重统计规范对象的无差别对待

在制定统计法律、法规时应保证对规范对象的平等对待，不同对象出现同一统计违法行为应受到同等程度的处罚，确保统计违法处罚力度与违法程度成正比，体现统计法律制度体系的公平性。

（六）重大单项统计活动专门立法

在必要时，可以对单项统计活动制定专门的法律、法规，以便于让社会公众认识到该项统计活动的重要性，明确在该项统计活动中承担的义务和享有的权利、违法的处罚等，可以达到规范统计行为，推动该项统计活动较好开展的目的。

（七）完善统计法律制度监督管理体系

理顺统计机构、统计人员法律义务关系，充分依据统计法律制度体系发挥上级统计主管机构对下级统计机构的监督管理权。应在我国《统计法》中明确规定统计机构对下级统计机构、人员统计违法的独立查处权和查处程序与办法，体现我国《统计法》的国家权威性、执行力和高效性。

（八）完善统计信息保密与信息发布制度

在人类社会进步过程中，社会公众的法律意识不断增强，个人隐私与微观经济体的商业机密等需要法律保护，而统计工作主要成果是统计信息，在统计信息采集、公布、使用过程中如何保护个人隐私与商业机密是统计工作过程中不可回避的一个重要因素，在统计法的框架内应详细制定统计个体信息保密制度，明确规定泄密行为的惩罚细则。统计信息发布制度应从信息发布的机构、范围、程序、时间点、违法行为及其惩罚等方面做出详细规定，确保统计信息发布制度客观、准确、及时、公平、中立。

二、健全统计法律制度执行体系

统计法律体系的运行效率受到统计法律制度的执行力制约，制度执行力的强弱受制度安排的可操作性影响，就新修订的统计法而言，还缺乏与其配套的实施机制。健全的统计法律实施机制，能够保证对统计法律程序做出细致的规定，确保统计执法有序，因此有必要出台新的统计法实施细则，规定各种违法统计行为的处罚标准。处罚规定标准应远大于违法收益，对统计违法产生一定威慑；在法律上规定无利益相关的统计执法机构的独立权，使统计法实施依据公正、客观、一致的标准，实行起来可操作性强，实施效率较高。

（一）制定详细细则

制定新的统计法实施细则，为统计法规定的框架、条款制定详细可操作的细则，规范引导统计法的有效实施，使统计法成为事实上可操作，并行之有效的硬法。

（二）明确制定统计处罚制度

建立完善的统计违法处罚制度。在统计法律、法规和规章中规定统计违法行为及对违法行为的处罚标准，从违法行为及处罚上做出详细、系统性的规定，让统计活动参与主体认识到违反统计法要付出的代价，使统计执法处罚有法律依据。

（三）保障统计执法独立与中立

建立中立和独立的统计执法部门。强化统计法律制度的执行效率，关键在于统计执法的公正和独立性，因此统计执法部门的组成应与统计执法行为无利益相关。

三、健全统计法律制度普法体系

任何一项法律或法律体系发挥作用，首先要让公众认知法律内涵，这样才有可能让公众接受并遵守执行，所以不仅要在法律上做出明确规范，还要从普法宣传方面推进。统计法律制度更需要通过健全的普法体系改变其法盲众多的现状。我认为健全的统计普法宣传体系主要包含以下内容：

（一）确立统计法律制度体系普法宣传制度

制定统计法律制度体系普法宣传制度，明确规定统计法律制度体系普法宣传的机构设置、宣传时间、范围和程度。将统计法律制度体系普法宣传制度作为统计法律制度的一项重要内容，确保统计法律制度有效宣传。

（二）确定统计普法宣传机构的权利与责任

应在法律条款规定统计普法机构的权利与责任，明确规定责任人的权利与责任。建立统计普法考核机制，确保普法人员切实履行职责，实现较好的普法宣传绩效。建立统计普法激励与约束机制，确保统计普法人员积极开展普法活动，使统计法律制度逐渐深入民心。

四、健全统计社会监督机制

统计工作应处于社会公众的严格监督之下，这才有利于提高统计工作水平。当前还缺乏对统计社会监督机制的整体设计。为了真正发挥社会公众监督作用，需要从以下方面健全统计社会监督机制：

（一）明确规定统计社会监督的范围和内容

1. 统计社会监督的范围

统计社会监督涉及统计工作的各个环节，从统计调查项目审批、统计调查技术的应用与统计调查制度的实施、统计核算方法应用与核算制度的实施、统计信息发布及统计经费使用等方面都是社会监督的范围，也就是只要有政府统计活动开展的地方就需要社会监督。

2. 统计社会监督内容

在统计工作的各个环节都需要社会监督，主要对方法应用的恰当与否、统计制度贯彻执行情况、是否存在重复项目审批、统计工作服务态度是否满意、承诺事项是否落实等方面进行监督。

（二）明确确定统计社会监督的程序与激励办法

1. 统计社会监督的程序与方式

社会公众可以采取批评、建议、检举、申诉、控告等方式对统计机构行使权利的合法性与合理性进行监督。统计机构应对社会公众监督进行有效反馈，可采用意见征询、社会调查、协商对话、领导接待等方式及时向公众反馈统计机构意见，解决存在的问题，对公众普遍表示不理解的统计工作重点做出合理解释。

2. 统计社会监督的激励办法

倡导统计社会监督、促进统计工作进步，需要引导社会公众积极参与统计社会监督，我认为应从物质奖励与精神奖励两方面促进统计社会监督机制的完善。

第一，为提供有效社会监督、提出合理的意见或建议、促进统计工作改革、减少社会经济损失、完善统计制度、遵守统计法律程序等作出贡献的社会公众统计工作设置奖励基金。

第二，可以将为统计活动提供合理的意见或建议的公众吸收为统计社会监督协调机构的成员，让他们发挥社会监督作用。

第三，充分保护参与统计社会监督的公众的合法权益不受侵犯，建立严厉的惩罚制度，避免受监督机构及个人的违法报复行为的发生。

第四节

建立中国统计制度协调机制的建议

在保证统计制度与国家基本经济制度、政治制度相匹配的情况下，统计制度的几个主要方面存在着协调一致发展的要求，统计管理体制创新与统计调查核算制度创新、统计法律制度创新要相互补充、相互促进，实现统计制度体系整体协调，三者关系见图 6－4。在三者关系协调中，需要分清统计制度的层次性和协调变革过程。

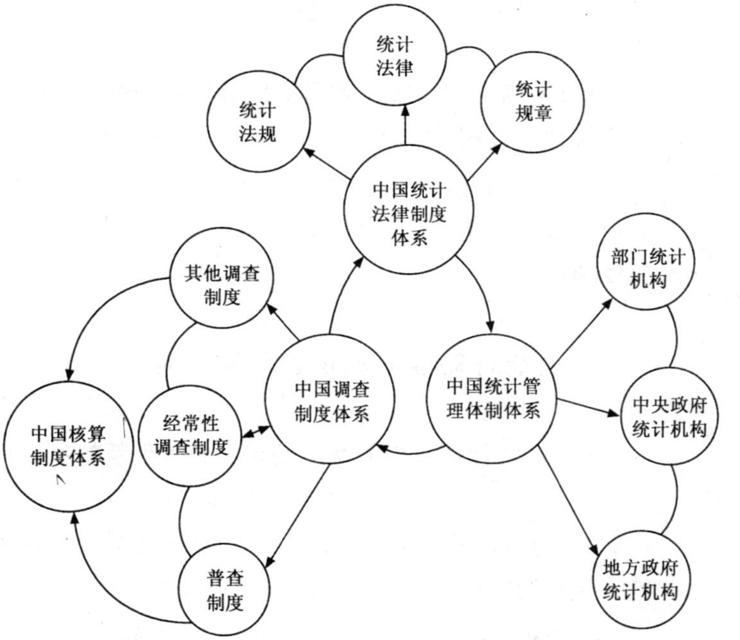

图 6-4　中国统计制度创新体系

一、统计制度的层次性

（一）统计法律制度是根本性统计制度

统计法律制度决定统计管理体制。统计法律制度是统计制度中最强的约束，规定了统计管理体制，但当统计管理体制发生变革时，统计法律制度也会随之变革，所以要将合乎中国实际的统计管理体制以统计法律制度的形式做出规定。

（二）统计管理体制是统计法律制度规范的核心

在统计法律制度框架下，统计管理体制决定统计调查核算制度。统计管理体制规定了统计组织结构及组成方式，也决定了统计业务制度安排。因此，高效的统计调查核算制度安排，必然是建立在高效的统计管理体制上的。

（三）统计调查核算制度是统计制度的具体规范

统计调查核算制度是与统计活动参与主体具有直接联系的一类统计制度，直接对统计活动参与主体进行规范，其创新应体现在与统计工作的有效结合上，表现为统计调查核算制度的不断细化。

二、统计制度间的协调变革过程

（一）统计调查核算制度是统计制度创新的突破点

统计法律制度与统计管理体制具有相对的稳定性，而统计调查核算制度作为统计业务制度的总规范具有相对易变性，统计制度体系的变迁应以统计调查核算制度变迁为突破点，并根据统计制度体系内的协调变动关系实现统计制度体系的整体创新。

（二）统计管理体制的创新是统计制度创新的深度扩展

在统计调查核算制度不断微调过程中，逐渐形成整个统计调查核算制度体系的整体变革，此时必然需要统计管理体制的变革与之相适应，在社会经济条件、社会意识达成统一共识的条件下，统计管理体制将会进入到逐步调整期，形成统计制度创新层次上升的局面。

（三）统计法律制度的创新是统计制度创新的终极表现与新起点

当统计调查核算制度创新与统计管理体制创新有机结合过程中，必然与现存的统计法律制度产生矛盾，此时统计法律制度创新需求被提出，而社会整体法律制度体系也在不断完善中，法治环境也会不断改善，统计法律制度创新时机成熟，统计法律制度的新的一轮供需平衡需要建立。同时下一轮的统计制度不平衡又将由统计调查核算制度的变革而引发，并逐步上升到法律制度层面，这将是一个曲折上升的过程。

（四）非正式统计制度应与正式统计制度协调一致

为实现成功的统计制度变迁路径依赖效应，统计人员从业道德、统计传统与习惯等非正式统计制度安排应发挥积极的作用，并与正式统计制度协调一致，并先于正式统计制度自我演进。

参 考 文 献

[1] A·爱伦·斯密德：《财产、权力和公共选择》，上海三联书店1999年版。

[2] 艾伦·加特：《管制、放松与重新管制》，经济科学出版社1999年版。

[3] 奥尔森：《集体行动的逻辑》，上海三联书店1995年版。

[4] 波斯纳：《法律的经济分析》，法律出版社1997年版。

[5] 布罗姆利：《经济利益与经济制度——公共政策的理论基础》，上海人民出版社2007年版。

[6] 陈维：《制度的成本约束功能——对中国经济体制变迁的分析》，上海社会科学院出版社2000年版。

[7] 戴维·菲尼：《制度分析与发展的反思——问题与抉择》，商务印书馆1992年版。

[8] 德沃金：《法律帝国》，中国大百科全书出版社1996年版。

[9] 邓正来：《法律与立法二元观》，上海三联书店2000年版。

[10] 凡勃仑：《有闲阶级论——关于制度的经济研究》，商务印书馆2004年版。

[11] 贺铿、郑京平：《中外政府统计体制比较研究》，中国统计出版社2001年版。

[12] 贺卫：《寻租经济学》，中国发展出版社1999年版。

[13] 吉林省《马克思主义原理教程》编写组：《马克思主义原理教程》，吉林教育出版社1994年版。

[14] 杰里米·沃尔德伦:《法律与分歧》,法律出版社2009年版。

[15] 康芒斯:《制度经济学》上册,商务印书馆2006年版。

[16] 柯武钢、史漫飞:《制度经济学——社会秩序与公共政策》,商务印书馆2000年版。

[17] 科斯、哈特等:《契约经济学》,经济科学出版社1999年版。

[18] 科斯:《企业、市场与法律》,格致出版社2009年版。

[19] 科斯等:《财产权力与制度变迁:产权学派与新制度经济学派译文集》,上海三联书店1991年版。

[20] 肯尼思·约瑟夫·阿罗:《社会选择:个性与多准则》,首都经济贸易大学出版社2000年版。

[21] 克拉克·森米勒:《产业组织:理论、证据和公正政策》,上海三联书店,1989年版。

[22] 李惠村、莫曰达:《中国统计史》,中国统计出版社1993年版。

[23] 李建德:《经济制度演进大纲》,中国财政经济出版社2000年版。

[24] 林贤郁、方宽等:《中外统计规范概览》,中国统计出版社2008年版。

[25] 刘旺洪:《比较法制现代化研究》,法律出版社2009年版。

[26] 卢现祥:《新制度经济学》,武汉大学出版社2004年版。

[27] 罗伯特·考特、托马斯·尤伦:《法和经济学》,上海三联书店1999年版。

[28] 诺思:《经济史中的结构与变迁》,上海三联书店1991年版。

[29] 诺思:《制度、制度变迁与经济绩效》,上海三联书店1994年版。

[30] 权贤佐:《探索:统计创新与现代化》,中国统计出版社2002年版。

[31] 盛洪:《现代制度经济学》(上卷),北京大学出版社2002年版。

[32] 盛洪：《现代制度经济学》（下卷），北京大学出版社 2002 年版。

[33] 斯蒂格里茨：《政府为什么干预经济》，中国物资出版社 1998 年版。

[34] 宋雅芳：《行政规划的法治化——理念与制度》，法律出版社 2009 年版。

[35] 孙同鹏：《经济立法问题研究——制度变迁与公共选择的视角》，中国人民大学出版社 2004 年版。

[36] 王俊豪：《英国政府体制改革研究》，上海三联书店 1998 年版。

[37] 王书宽：《经济法与统计法》，高等教育出版社 2002 年版。

[38] 王再文：《比较优势、制度变迁与中国中部崛起》，经济科学出版社 2006 年版。

[39] 王则柯、李杰：《博弈论教程》，中国人民大学出版社 2008 年版。

[40] 熊振南：《统计法导读》，中国统计出版社 2001 年版。

[41] 袁庆明：《新制度经济学》，中国发展出版社 2004 年版。

[42] 张仁德：《新比较经济学》，人民出版社 2001 年版。

[43] 张曙光：《中国制度变迁的案例研究》（第二集），中国财政经济出版社 1999 年版。

[44] 张维迎：《博弈论与信息经济学》，上海三联书店 1996 年版。

[45] 赵冈、陈钟毅：《中国经济制度史论》，新星出版社 2006 年版。

[46]《中华人民共和国统计法》，中国法制出版社 2009 年版。

[47] 安康、韩兆洲："统计调查体系的制度经济学分析"，《改革与战略》，2009 年第 10 期。

[48] 安康、韩兆洲："倡导统计标准化"，《中国统计》，2011 年第 11 期。

[49] 白音巴特尔："澳大利亚的市场化统计体制"，《统计教育》，

1999 年第 2 期。

[50] 包忠明："我国政府统计体制改革模式的选择"，《统计与决策》，2006 年第 7 期。

[51] 岑国荣："从国际比较看我国统计体制的改革方向"，《统计与决策》，1993 年第 3 期。

[52] 陈秉超："《统计法》及其《实施细则》的性质和作用"，《统计》，1987 年第 2 期。

[53] 程言表："关于修改《统计法》的若干意见"，《统计与决策》，1990 年第 10 期。

[54] 程振源："美国经济普查简史"，《统计研究》，2005 年第 5 期

[55] 崔书香："对我国国民经济核算体系改革和国民收入统计问题的一些看法"，《中央财政金融学院学报》，1987 年第 3 期。

[56] 丁建明："体制转型期县级统计机构面临的四大矛盾"，《统计研究》，1999 年第 10 期。

[57] 樊纲："通过制度改革实现无悔减排"，《开放导报》，2011 年第 8 期。

[58] 范化理："统计数据失真的制度原因及对策"，《江苏统计》，1999 年第 2 期。

[59] 冯士雍、程翰生："一种科学的统计调查方法——抽样调查"，《中国科技论坛》，1986 年第 3 期。

[60] 傅德印、陶然："对政府统计数据质量成本的探讨"，《统计研究》，2007 年第 8 期。

[61] 傅德印："从管理学角度看我国政府统计数据质量"，《兰州商学院学报》，2003 年第 2 期。

[62] 傅晓霞："制度变迁对中国经济增长贡献的实证分析"，《南开经济研究》，2002 年第 4 期。

[63] 高晋康："简论统计法的规范作用及特点"，《统计与决策》，1988 年第 10 期。

[64] 顾海兵、暨佩娟："德国统计的外观内察及其启示"，《学习论坛》，2008 年第 2 期。

[65] 郭慧辉："论行政执法的规范化"，《山西财经大学学报》，2011 年第 5 期。

[66] 国家统计机构比较研究课题组："国家统计机构比较研究"，《统计研究》，2008 年第 2 期。

[67] 贺铿等："中外政府统计体制比较研究"，《统计研究》，2001 年第 3 期。

[68] 华民刚、谭荣鑫："我国统计法律体系及立法中的几个问题"，《统计与决策》，2002 年第 9 期。

[69] 黄海："统计调查计划和统计制度"，《统计》，1984 年第 7 期。

[70] 黄海："《统计法》普及普传讲话：有关统计方面的法律责任"，《统计》，1984 年第 6 期。

[71] 黄海："《统计法》普及宣传讲话：我国统计立法的目的、根据与程序"，《统计》，1984 年第 1 期。

[72] 黄海："对统计体制改革的思考与论证"，《统计研究》，1988 年第 12 期。

[73] 黄海："统计调查者与被调查者的权利与义务关系"，《统计》，1984 年第 4 期。

[74] 黄海："统计管理体制与统计机构和统计人员工作责任制"，《统计》，1984 年第 3 期。

[75] 黄海："匈牙利的经济体制改革和统计工作"，《统计》，1980 年第 3 期。

[76] 黄良文："中国统计体制的改革问题"，《厦门大学学报（哲学社会科学版）》，1986 年第 3 期。

[77] 黄应绘："统计体系的国际经验及对中国的启示"，《经济问题》，2009 年第 5 期。

[78] 黄应绘："中国统计法律体系的国际比较及改革"，《统计与

决策》，2004 年第 8 期。

［79］姜玉山、朱孔来：“什么是未来统计体制改革的模式”，《中国统计》，2001 年第 9 期。

［80］蒋晖：“《统计法》罚款对象的设定与完善”，《统计与决策》，2005 年第 9 期。

［81］蒋萍：“国民经济核算与政府统计改革”，《统计研究》，2002 年第 8 期。

［82］蒋新、杨盛辉、湘潭：“我国《统计法》中行政管理权的不足及其完善”，《统计与决策》，2006 年第 6 期。

［83］金玉国：“宏观制度变迁对转型时期中国经济增长的贡献”，《财经科学》，2001 年第 2 期。

［84］瞿喜宝、袁庆明：“制度的功能问题研究”，《云梦学刊》，2006 年第 7 期。

［85］袁庆明：“论制度的核心功能及其实现”，《郑州轻工业学院学报（社会科学版）》，2008 年第 2 期。

［86］柯玉迪：“新形势下加强统计法治之我见”，《浙江统计》，2003 年第 2 期。

［87］孔炯炯：“统计入世——我国离 GDDS 到底有多远”，《统计研究》，2002 年第 7 期。

［88］雷钦礼：“中国政府统计抽样调查制度的总体框架研究”，《山西财经大学学报》，2004 年第 10 期。

［89］李宝卿：“关于架构现代统计体系的思考”，《中国统计》，2003 年第 10 期。

［90］李成瑞：“《统计法》是统计活动的规范和准绳”，《统计》，1984 年第 1 期。

［91］李恢宏：“十年来统计调查制度的改革与发展”，《统计研究》，1989 年第 5 期。

［92］李金昌：“政府统计方兴未艾——纪念新中国政府统计机构成立 60 周年”，《统计研究》，2012 年第 8 期。

[93] 李金昌、徐蔼婷："重构国家统计系统"，《中国统计》，2004年第10期。

[94] 李金昌："论统计功能"，《学术月刊》，2012年第10期。

[95] 李金昌："论我国统计调查运行体系的重新构建"，《商业经济与管理》，2004年第10期。

[96] 李金昌："确立抽样调查主体地位　建立现代抽样调查制度"，《统计与信息论坛》，2004年第3期。

[97] 李金昌："试论建立周期性普查制度的两个问题"，《统计研究》，1994年第6期。

[98] 李金昌："我国到底应该建立什么样的统计调查制度体系"，《商业经济与管理》，2003年第10期。

[99] 李金昌："新《统计法》需要继续完善"，《浙江统计》，1996年第7期。

[100] 李金昌："正确理解样本代表性"，《中国统计》，2010年第8期。

[101] 李强："采取有效措施 建立和完善服务业统计调查制度"，《中国统计》，2010年第10期。

[102] 李协和、肖中强："建立国民经济平衡统计核算体系的初步设想"，《江西财经学院学报》，1982年第1期。

[103] 李兴怀："四川乡镇统计体制改革模式探索"，《中国统计》，2009年第10期。

[104] 梁志方："部门统计调查有待规范"，《中国统计》，2005年第11期。

[105] 廖旭光："我们是怎样贯彻执行《统计法》的"，《统计与决策》，1995年第5期。

[106] 刘定华："统计法作用简论"，《河北法学》，1984年第10期。

[107] 刘鸿熙："建立国民经济统计核算体系应以投入产出统计为核心"，《统计》，1986年第2期。

[108] 刘玉琴："理解新《统计法》的7个维度"，《统计研究》，2009年第10期。

[109] 龙华、王凡："统计调查方法改革与统计效益"，《统计研究》，1995年第10期。

[110] 陆建新："我国统计体制改革的若干问题"，《中国经济体制改革》，1986年第11期。

[111] 闾海琪："挪威统计体制"，《中国信息报》，2000年8月7日，第7版。

[112] 吕继生、李若曼、杨彦彬："关于构建大庆跨世纪统计体制问题研究"，《中国统计》，2000年第6期。

[113] 罗建章："关于统计调查单位统一规范及其取向的思考"，《云南财贸学院学报》，1994年第1期。

[114] 罗志伦："执行《统计法》存在的问题和对策"，《法学杂志》，1995年第3期。

[115] 马春生："试论违反统计法的法律责任"，《山西财经学院学报》，1987年第12期。

[116] 马岚："论统计调查协调机制的建立"，《上海统计》，2001年第10期。

[117] 孟雷："《统计法》为什么要增加罚款条款？"，《中国统计》，1992年第2期。

[118] 宁立成："我国《统计法》的立法学思考"，《统计与决策》，2009年第4期。

[119] 诺思："理解经济变迁的过程"，《经济社会体制比较》，2004年第1期。

[120] 诺思："新制度经济学及其发展"，《经济社会体制比较》，2002年第5期。

[121] 庞皓："对社会生产核算理论范围和统计口径的再认识"，《数量经济技术经济研究》，1987年第5期。

[122] 庞皓："我国国民经济综合平衡统计核算体系问题"，《财经

科学》，1982 年第 3 期。

[123] 彭熙海："现行《统计法》的不足及完善"，《统计与决策》，2005 年第 7 期。

[124] 邱东："中国应实行高度集中统一的统计管理体制"，《统计研究》，1987 年第 8 期。

[125] 曲志深："加拿大的统计体系"，《统计与咨询》，2002 年第 6 期。

[126] 权贤佐："对当前我国统计调查体系改革的思考"，《中国统计》，1995 年第 3 期。

[127] 权贤佐："国外统计体制纵览"，《北京统计》，2004 年第 1 期。

[128] 权贤佐："加拿大统计体制"，《中国信息报》，2001 年 6 月 2 日。

[129] 任庆丰、谢九洪、柴清春："《乡镇统计一套表》实证研究"，《统计研究》，2005 年第 7 期。

[130] 盛会寿："对统计调查工作中产生的内部矛盾的一些看法"，《财经研究》，1958 年第 5 期。

[131] 施竟成："谈谈统计法"，《中国政法大学学报》，1984 年第 8 期。

[132] 石良平："统计调查模式的改革与选择"，《调研世界》，1995 年第 2 期。

[133] 石良平："我们应选择怎样的统计调查模式"，《上海统计》，1994 年第 11 期。

[134] 寿康侯："谈谈违反统计法的法律责任"，《现代法学》，1989 年第 3 期。

[135] 宋建群："试论我国政府统计行政管理体制的不适应性及发展方向"，《理论界》，2006 年第 1 期。

[136] 孙学光："从中外比较看我国统计体制改革的取向"，《中国统计》，1999 年第 10 期。

[137] 孙冶方："加强统计工作 改革统计体制"，《统计》，1980 年第 3 期。

[138] 王松："《统计法》修订的不足与完善"，《统计研究》，2010 年第 7 期。

[139] 王松："统计法的基本原则新论"，《法制与社会》，2010 年第 8 期。

[140] 王新、刘景顺："对修改《统计法》的几点建议"，《统计与决策》，1993 年第 6 期。

[141] 王一："统计法律体系必须尽快完善"，《浙江统计》，1999 年第 5 期。

[142] 王永锋："修订《统计法》完善统计法律责任机制"，《淮阴师专学报（哲学社会科学版）》，1990 年第 12 期。

[143] 王政祥："略谈公布和实施《统计法》的意义"，《郑州大学学报（哲学社会科学版）》，1984 年第 6 期。

[144] 王忠辉："构建两层次政府统计调查体系"，《统计研究》，2007 年第 12 期。

[145] 王自力、刘娇琳："国外统计体制比较与我国统计体制改革"，《统计与决策》，1987 年第 8 期。

[146] 文贯中："市场机制、政府定位和法治——对市场失灵和政府失灵的匡正之法的回顾与展望"，《经济社会体制比较》，2002 年第 1 期。

[147] 吴辉："美国的统计体制"，《统计研究》，1992 年第 4 期。

[148] 吴勉坚："日本统计体制一瞥"，《统计与决策》，1996 年第 4 期。

[149] 吴优、李锁强、任宝莹："加拿大资源环境统计与核算的主要内容和方法"，《统计研究》，2007 年第 6 期。

[150] 吴优、李锁强："重视水资源核算——联合国统计司水资源统计和核算介绍"，《中国统计》，2007 年第 5 期。

[151] 夏春婉、林勇："国内外政府统计体制的比较研究"，《统计

教育》，2010 年第 10 期。

[152] 向书坚、平卫英："循环经济统计核算问题研究述评——兼论我国循环经济统计核算的可行模式"，《统计研究》，2008 年第 11 期。

[153] 谢洪礼："应建立普查与抽样调查相结合的统计调查方法体系"，《统计研究》，1994 年第 10 期。

[154] 徐传谌、艾德洲："新制度经济学视角下的国有企业效率研究"，《学习与探索》，2012 年第 4 期。

[155] 徐金玉："建立全口径服务业统计制度的思考"，《中国统计》，2010 年第 8 期。

[156] 徐一帆："基本单位名录库是统计工作的基础"，《中国统计》，2010 年第 8 期。

[157] 许宪春："关于进一步完善新国民经济核算体系的若干设想——基本概念的补充和调整"，《统计研究》，1995 年第 6 期。

[158] 许宪春："关于进一步完善新国民经济核算体系的若干设想——基本核算内容的补充和调整"，《统计研究》，1997 年第 1 期。

[159] 许宪春："关于进一步完善新国民经济核算体系的若干设想——经济循环账户和基本核算表的修订"，《统计研究》，1997 年第 2 期。

[160] 许宪春："关于进一步完善新国民经济核算体系的若干设想——基本分类的补充和调整"，《统计研究》，1996 年第 2 期。

[161] 许宪春："中国国民经济核算的新发展和 SNA 修订的挑战"，《统计与信息论坛》，2007 年第 1 期。

[162] 许宪春："中国新国民经济核算体系与 1993 年 SNA 的若干区别（续二）"，《统计研究》，1995 年第 1 期。

[163] 许宪春："中国新国民经济核算体系与 1993 年 SNA 的若干区别（续三）"，《统计研究》，1995 年第 2 期。

[164] 许宪春："中国新国民经济核算体系与 1993 年 SNA 的若干区别（续一）"，《统计研究》，1994 年第 6 期。

[165] 许宪春："中国新国民经济核算体系与 1993 年 SNA 的若干

区别”,《统计研究》, 1994 年第 5 期。

[166] 许宪春:“中国政府统计面临的挑战和发展机遇(上)”,《中国统计》, 2008 年第 4 期。

[167] 许宪春:“中国政府统计面临的挑战和发展机遇(下)”,《中国统计》, 2008 年第 6 期。

[168] 许宪春:“中国政府统计面临的挑战和发展机遇(中)”,《中国统计》, 2008 年第 5 期。

[169] 许宪春:“近几年我国 GDP 核算改革的回顾和进一步改革的若干思考”,《统计研究》, 2006 年第 1 期。

[170] 杨建如:“新《统计法》实施的思考”,《中国统计》, 2010 年第 1 期。

[171] 杨瑞龙:“论制度的供给”,《经济研究》, 1993 年第 8 期。

[172] 杨廷干、张耀辉:“中国统计体制改革的现实选择”,《统计与决策》, 1992 年第 4 期。

[173] 杨银海、阎军印:“澳大利亚统计制度和统计工作对我国的启示”,《调研世界》, 2010 年第 11 期。

[174] 叶长林、严家英:“强化统计执法手段势在必行—谈在《统计法》中增加经济处罚条款的理由和依据”,《中国统计》, 1992 年第 3 期。

[175] 叶长林:“《统计法》修改的主要方面”,《中国统计》, 1995 年第 6 期。

[176] 余芳东:“澳门统计体制概况”,《统计教育》, 2000 年第 6 期。

[177] 余芳东:“美国联邦政府统计体制及其启示”,《统计教育》, 2010 年第 1 期。

[178] 余芳东:“外国政府统计体制的共同点”《中国信息报》, 2000 年 7 月 11 日。

[179] 余芳东:“外国政府统计体制的类型及其特点”,《改革》, 2001 年第 1 期。

[180] 余芳东："美国经济分析局简介"，《统计教育》，2010 年第 4 期。

[181] 余芳东："印度政府统计组织结构及协调机制"，《调研世界》，2012 年第 6 期。

[182] 余芳东："统计公信力哪国更强大——各国政府统计公信力调查结果大披露"，《数据》，2012 年第 4 期。

[183] 余英："《中华人民共和国统计法》的特色"，《统计研究》，1984 年第 4 期。

[184] 岳巍："经济体制改革和统计工作改革"，《统计研究》，1985 年第 3 期。

[185] 曾五一："关于我国统计体制改革的思考"，《厦门大学学报（哲学社会科学版）》，2005 年第 7 期。

[186] 曾五一："要科学规划统计体制改革的思路"，《统计研究》，2007 年第 12 期。

[187] 张官娥："地方统计法应注意的几个问题"，《统计》，1988 年第 5 期。

[188] 张国才："改革基层统计体制 促进统计事业发展"，《统计研究》，1999 年第 10 期。

[189] 张利华："对实行统计一套表的再思考"，《统计研究》，2005 年第 1 期。

[190] 张塞："适应建立社会主义市场经济体制的需要进一步改革统计调查体系"，《统计研究》，1994 年第 3 期。

[191] 张塞："关于国民经济综合平衡统计核算几个问题的探讨"，《统计研究》，1985 年第 5 期。

[192] 赵功梁："《统计法》的遗缺"，《中国统计》，2003 年第 10 期。

[193] 赵彦云："经济普查有何用"，《数据》，2008 年第 11 期。

[194] 赵彦云、曾德权、姚丽芳、王晓红："新国民经济核算体系改革及理论"，《经济经纬》，1994 年第 4 期。

［195］赵彦云："统计法还应发力的三方面"，《中国统计》，2006年第1期。

［196］郑京平："中国国家统计体系简介（四）——国民经济核算"，《中国统计》，2002年第5期。

［197］郑京平："中国国家统计体系简介（一）——概况及统计法律体系"，《中国统计》，2002年第2期。

［198］郑京平："关于我国政府统计体制改革的思考"，《国家行政学院学报》，2002年第2期。

［199］中外统计体系比较研究课题组："德国国家统计体系简介"，《中国统计》，2000年第10期。

［200］钟兆修："关于统计核算模式的探讨"，《中国统计》，2010年第3期。

［201］朱秋燕："基层统计管理体制改革初探"，《统计与决策》，1999年第10期。

［202］朱姗姗："中国统计思想与欧美统计学说的发生、发展比较研究"，《统计与预测》，2003年第5期。

［203］朱优江："统计数据如何适应国际标准"，《统计与决策》，2002年第6期。

［204］左海峰、朱光明："简评日本的统计体制改革"，《统计研究》，2008年第7期。

［205］国家统计局网站，http：//www. stats. gov. cn/.

［206］国家统计局职能，http：//www. stats. gov. cn/jgzn/2006_zhineng. htm.

［207］"河北省公布20起典型统计违法案件"，http：//www. anhuinews. com/zhuyeguanli/system/2010/11/27/003501356. shtml。

［208］联合国统计司：《统计组织手册》（第三版），http：//unstats. un. org。

［209］联合国统计司网站，http：//unstats. un. org/unsd/methods/statorg/review. htm。

[210]“闽积极实施企业一套表调查制度”，http：//www. xmsme. gov. cn/2011 －12/20111221161534311５. htm。

[211]“四川省统计局通报 07—08 年度我省统计违法案例”，http：//www. pclz. gov. cn/DocHtml/958/2010/4/30/20100430034332647. html。

[212] 百度百科：“所有制”，http：//baike. baidu. com/view/641819. htm。

[213] MBA 智库百科：“统计制度”，http：//wiki. mbalib. com/wiki/% E7% BB% 9F% E8% AE% A1% E5% 88% B6% E5% BA% A6。

[214] 科技中国：“统计制度”，http：//www. techcn. com. cn/index. php? category－view－1328。

[215] 易照华：“拉普拉斯”，http：//mkd. lyge. cn/z04－2/154. htm。

[216] 张启良：“回望统计科学的发展历程”，http：//www. jxstj. gov. cn/News. shtml? p5 = 15501。

[217] 百科知识库：“制度问题之我见”，http：//www. zsku. net/guangli/sort0428/6083520282186. html。

[218]《中华人民共和国统计法》，http：//www. gov. cn/flfg/2009－06/27/content_1351870. htm。

[219]《中华人民共和国刑法》，http：//www. xyzlove. com/Transshipment/Law/zhrmghgxf/zhrmghgxf. htm。

[220] Aman Ullah，David E. A. Giles：*Handbook of Apllied Economic Statistics*，Southern Methodist University，Marcel Dekker Inc 1997，pp. 19－45.

[221] Gerard Roland：*Transition and Economics*：*Politics*，*Markets*，*and Firms*，MIT Perss 2000，pp. 7－13.

[222] J. R. Hicks：*The Social Framework*，Clarendon Press 1942，pp. 11－18.

[223] N. Gregory Mankiw：*Principles of Economics*（*Third Edition*），

Thomson South – Western 2004, pp. 512 – 513.

[224] North Douglass C, Robert Paul Thomas: *The Rise of Western World: A new Economic History*, Cambridge University Press 1973, pp. 1 – 8.

[225] North Douglass C: *Institution, Institutional Change and Economic Performance*, Cambridge University Press 1990 pp. 9 – 33.

[226] Oliver Williamson: *The Economic Institutions of Capitalism*, Free Press1985, pp. 43 – 85.

[227] R. Stone: *National Income and Expenditure*, Bowes and Bowes 1964, pp. 5 – 7.

[228] Statistical Office UN: *Basic Principles of the System of Balances of the National Economy*, United Nations Publish 1971, pp. 7 – 12.

[229] United Nations: *System of Integrated Environmental and Economic Accounting*, United Nations Publish 1993, pp. 3 – 6.

[230] Anil Arora, Graeme Gilmour: "Statistics Canada – Census on the net", *Statistical Journal of the United Nations ECE*, 2006 (23), pp. 11 – 22.

[231] A. V. Glasko: "Measure of Ordering in Statistical Systems", *Mathematical Notes*, 2003 (3), pp. 335 – 345.

[232] Asad Elahi: "Challenges of data collection in developing countries – the Pakistani experience as a way forward", *Statistical Journal of the IAO*, 2008 (25), pp. 11 – 17.

[233] Carsten A. Holz: "China's statistical system in transition: challenges, data problems, and institutional innovations", *Review of Income and Wealth*, 2004 (9), pp. 381 – 409.

[234] Dallah Hamadu, Ray Okafor: "On statistical capacity building in Nigeria: A necessary step towards achieving millennium development goals (MDGs)", *Statistical Journal of the IAOS*, 2009 (26), pp. 21 – 32.

[235] Dennis Trewin: "Summary of discussion on evolution of National

Statistical Systems", *Statistical Journal of the IAOS*, 2007 (24), pp. 105 - 109.

[236] Dennis Trewin: "The evolution of national statistical systems: Trends and implications", *Statistical Journal of the IAOS*, 2007 (24), pp. 5 - 33.

[237] Eduardo Pereira Nunes, Wasmália Bivar, Zélia Bianchini: "Some challenges for strengthening the Brazilian statistical capacity", *Statistical Journal of the IAOS*, 2007 (24), pp. 81 - 83.

[238] Eric Schulte Nordholt, Frank Linder: "Record matching for Census purposes in the Netherlands", *Statistical Journal of the IAOS*, 2007 (24), pp. 163 - 171.

[239] Gilberto Calvillo - Vives: "Transformation of the Mexican statistical and geographical system", *Statistical Journal of the IAOS*, 2007 (24), pp. 71 - 74.

[240] Gordon Brackstone: "Managing Data Quality in a Statistical Agency", *Surver Methodology*, 1999 (2), pp. 2 - 21.

[241] Gunilla Lundholm: "The system of official statistics in Sweden - coordination through cooperation", *Statistical Journal of the United Nations ECE*, 2004 (21), pp. 247 - 254.

[242] H. Demsetz: "Toward a Theory of Property Rights", *American Economic Review*, 1967 (57), pp. 347 - 359.

[243] Heli Jeskanen - Sundström: "Needs for change and adjusting to them in the management of statistical systems", *Statistical Journal of the IAOS*, 2007 (24), pp. 85 - 91.

[244] Henk Nijmeijer: "How to improve the quality of regional accounts estimates", *Statistical Journal of the United Nations ECE*, 2006 (23), pp. 193 - 208.

[245] Hermann Habermann: "On the evolution of national statistical offices", *Statistical Journal of the IAOS*, 2007 (24), pp. 35 - 40.

[246] Hermann Habermann: "The role of national statistical offices in global statistical systems", *Statistical Journal of the IAOS*, 2008 (25), pp. 69 – 71.

[247] Jean – Pierre Le Gléau: "The system of official statistics in France: Decentralized, but closely coordinated", *Statistical Journal of the United Nations ECE*, 2004 (21), pp. 241 – 246.

[248] Lin Yifu: "An Economic Theory of Institutional Change: Induced and Imposed Change", *Cato Journal*, 1989 (9), pp. 1 – 33.

[249] Masahiro Horie: "New direction of the reform of the statistical-system in Japan", *Statistical Journal of the IAOS*, 2007 (24), pp. 75 – 80.

[250] North, Douglass C: "Institutions, Ideology, and Economic Performance" *Cato Journal*, 1992 (11), pp. 477 – 488.

[251] Pali Lehohla: "Statistical development in Africa in the context of the global statistical system", *Statistical Journal of the IAOS*, 2008 (25), pp. 27 – 45.

[252] Peter Stibbard: "Labour Statistics: Dissemination guideline", *Statistical Journal of the United Nations ECE*, 1999 (16), pp. 79 – 104.

[253] R. H. Coase: "The Nature of the Firm", *Economica*, 1937 (16), pp. 386 – 405.

[254] Richard Laux, Richard Alldritt and Karen Dunnell: "Evolution of the United Kingdom statistical system", *Statistical Journal of the IAOS*, 2007 (24), pp. 47 – 59.

[255] Robert W. Edwards: "Developing international statistical standards: The system of national accounts as a case study", *Statistical Journal of the IAOS*, 2008 (25), pp. 55 – 61.

[256] Robert W. Pearson: "The Changing Fortunes of the U. S. Statistical System, 1980 – 1985", *Review of Public Data Use*, 1984 (12), pp. 245 – 269.

[257] Schultz, Theodore W: "Institutions and the Rising Economic Value of Man", *American Journal of Agricultural Economics*, 1968 (5), pp. 1113 - 1122.

[258] T. Dalenius: "Errors and other limitations of survey", *Statistical Methods and the Improvement of Data quality*, Academic Press Inc pp. 5 - 20.

[259] Torm Griffin: "The Census in Europe", *Statistical Journal of the United Nations ECE*, 1999 (16), pp. 223 - 230.

[260] "*Gordon Brackstone Managing Data Quality at Statistics Canada*", www. nso. go. kr, 2000 - 8 - 7.

[261] International Monetaty Fouds: "*Data Quality Assessment Framework - Generic*", www. imf. org, 1998 - 12 - 8.

[262] International Monetaty Fouds. : "*General Data Dissemination Standard*", www. imf. org, 1998 - 12 - 8.

[263] International Monetaty Fouds: "*Special Data Dissemination Standard*", www. imf. org, 1998 - 12 - 8.

[264] "*John Cornish. Management of Quality in Statistics New Zealand*", www. nso. go. kr, 2000 - 8 - 7.

[265] "*Lee Dongmyeong and shon Aelee. Korea's Experiences in Statistical Quality Assessment*", www. nso. go. kr, 2000 - 8 - 7.

[266] "*The History of the Office for National Statistics*", http: //www. ons. gov. uk/ons/.

[267] Wikipedia: "*Francois Quesnay*", http: //en. wikipedia. org/wiki/Francois_ Quesnay.

[268] Wikipedia: "*Gregory King*", http: //en. wikipedia. org/wiki/Gregory_ King.

[269] Wikipedia: "*Timothy Augustine Coghlan*", http: //en. wikipedia. org/wiki/Timothy_ Coghlan.

[270] Wikipedia: "*Wassily Leontief*", http: //en. wikipedia. org/wi-

ki/Wassily_ Leontief.

[271] Wikipedia: "*William Petty*", http: //en. wikipedia. org/wiki/Sir_ William_ Petty.

后　　记

本书是在我的博士学位论文基础上进行修改完成的。在博士论文撰写及后期修改过程中，我的导师年志远教授给予了我持续的指点、鼓励和帮助，尤其是在论文选题和基本框架的拟定、写作与修改等方面更是倾注了大量心血，提出了许多宝贵的意见，在学习和生活上都给予了我长期的关心和帮助。年老师用他为人谦和、待人宽厚、知识渊博、治学严谨的人格魅力感染着我，是我治学、做人的典范，将鞭策我在今后的学习和工作中更加积极努力。

诚挚地感谢吉林大学经济学院的潘石教授、徐传谌教授、孙少岩教授、汤吉军教授和李士梅教授在论文选题及撰写思路和研究方法等方面给我提出了许多宝贵建议，拓展了论文的研究思路。

衷心地感谢经济学院的卢英敏老师对我们课程学习、论文开题和答辩等各项工作的细心安排和提示。

感谢徐东辉、齐超、李志刚、曹雪松等同学在学习期间对我的无私帮助。

更由衷地感谢吉林财经大学的老师和同事们，在我论文撰写过程中给予我的关心和关照，让我有了更多的时间进行思考。

最后，我要深深地感谢我的家人，感谢我的父母对我无私的关爱与及时提供我的生活所需，感谢我的先生在学习上和生活上给予我细心的关怀和照顾，家人为我分担了更多家务，给我持续的精神鼓励，使我能够专心写作，并在我写作过程中给我提出了许多建议。

李国荣

2013 年 7 月